MEDITAÇÃO E VISÃO INTERIOR

APRENDENDO A SER LIVRE

Joseph Goldstein

MEDITAÇÃO E VISÃO INTERIOR
APRENDENDO A SER LIVRE

Tradução
RODOLPHO EDUARDO KRESTAN

EDITORA PENSAMENTO
São Paulo

Título do original:
Insight Meditation
The Practice of Freedom

Copyright © 1993 by Joseph Goldstein.

Publicado mediante acordo com a Shambhala Publications, Inc.

Edição	Ano
1-2-3-4-5-6-7-8-9	96-97-98-99

Direitos de tradução para o Brasil
adquiridos com exclusividade pela
EDITORA PENSAMENTO LTDA.
Rua Dr. Mário Vicente, 374 - 04270-000 - São Paulo, SP - Fone: 272-1399
que se reserva a propriedade literária desta tradução.

Impresso em nossas oficinas gráficas.

Este livro é dedicado a todos
cuja generosidade e amor pelo Dharma
tornaram possíveis tantas coisas.

Os pássaros sumiram no céu
e agora a última nuvem se afasta.

Estamos sentados juntos, a montanha e eu,
até que reste somente a montanha.

– Li Po

SUMÁRIO

Prefácio 11

Agradecimentos 13

1. O QUE É O CAMINHO?

O Dharma 17

O medo da iluminação 19

A inteligência e o progresso 20

Um sabor 22

Quatro nobres verdades 25

Poste sinalizador 30

Graça, ou ajuda ao longo do caminho 31

O papel de um mestre 35

Estradas para a realização 37

2. COMO PRATICAR

Propósito, esforço e rendição 43

Treinamento do coração 46

Instruções para a meditação 48

Nintendc Dharma 51

Aceitação 53

Não ver dukkaha é dukkaha 56

Compreender a dor 58

Sentir-se bem, sentir-se mal: progresso na meditação 62

Espontaneidade e prática 64

O retorno 65
Energia 66
Introvisão 68

3. LIBERTAÇÃO DA MENTE
Obstáculos: um pano sujo 73
A atitude com respeito aos pensamentos 74
Visões e opiniões 78
Juízo 500 79
A vaidade e a mente que compara 81
O controle das emoções 84
Servidão emocional, liberdade emocional 88
Use o seu guarda-chuva 91
O medo em si 93
Obrigado, tédio 96
Falta de valor 98
A culpa 100
O ciúme 103
Desejo 103

4. PSICOLOGIA E DHARMA
O ego e o eu 111
Personalidade e transformação 113
Psicoterapia e meditação 117
A mente iogue 121

5. AUSÊNCIA DO EU
O arado 127
Nascimento do ego 132
Sem pára-quedas, sem chão 134
Chegando ao zero 135
Êxtase e vazio 136

6. KARMA
A luz do mundo 141

O karma evidente 143
As sutilezas do karma 144
Ignorância, a raiz dos preconceitos 148
A atenção total, raiz da felicidade 149
Karma e não-eu 152
Animais 154

7. A PRÁTICA NO MUNDO

Estar presente 157
Sabedoria e amor 159
Atenção bondosa 161
Compaixão 165
A arte da comunicação 168
Compartilhando o Dharma 170
Relacionamento com os pais 172
Vida reta 176
Leitura de textos 178
Humor 179
Treinamento para a morte 181
Vipassana e morte 182
Metta e morte 184
Para o benefício de todos os seres 185

Para mais informações 188

PREFÁCIO

Maio de 1965. Os membros do Thailand Ten, um dos primeiros grupos do Peace Corps, tomam champanhe a dez mil metros de altitude sobre o Oceano Pacífico, brindando a aproximação entre o Ocidente e o Oriente. Como ainda não completei vinte e um anos, a Pan Am se recusa a me servir. O que sei a respeito do budismo não daria para encher um dos pequenos copos de plástico usados a bordo; um homem sorridente e barrigudo, certa noção de calma, de não- envolvimento, emanando através de todas as coisas.

Julho de 1974. Durante a temporada de verão no Instituto Naropa em Boulder, no Estado do Colorado, um Woodstock budista comemora a vinda do Oriente para o Ocidente. Minha iniciação como professor de Dharma na América. Em meio à euforia, pessoas querendo saber. Sinto o vento aumentando, nos erguendo a todos, e penso: "Isso é o início de algo."

Janeiro de 1993. Uma geração mais tarde, os ensinamentos de Buda continuam soprando de modo suave e constante pela nossa cultura ocidental. Termina um retiro de três meses, o décimo oitavo que realizamos desde 1975. Uma centena de pessoas parte para o mundo, algumas sorrindo calmamente, outras entusiasmadas com a verdade de suas experiências. Durante as primeiras horas da noite de inverno, a tela azul do meu computador brilha com as perguntas que me foram feitas.

O Rugido do Leão do Buda chama para nos acordar. Se sabemos como procurar, descobrimos sabedoria e compaixão, a verdadeira natureza da nossa mente. Inspirados por essa possibilidade, muitos de nós estão aprendendo a olhar, a questionar, a enxergar por conta própria.

A descoberta é o primeiro passo.

E o seguinte? Sua Santidade, o Décimo Sexto Karmapa do Tibete expressou tudo de modo muito simples: "Precisamos fazer o que sabemos." Para libertar nossa mente, colocamos a descoberta em prática.

Há quase vinte anos, muitos ocidentais praticam a meditação budista da introvisão. Alguns o fazem diariamente. Outros freqüentam cursos de fins de semana ou de nove dias. Outros, ainda, participam de retiros de três meses ou de muitos retiros de três meses. Alguns fazem retiros mais demorados ainda. Nessa área, há todas as possibilidades.

O texto seguinte aborda uma ampla série de assuntos de que se ocupam repetidamente os estudantes do Dharma. Foram as suas perguntas práticas, incisivas e freqüentemente constrangedoras que deram origem a este livro.

Joseph Goldstein
Barre, Massachusetts
Janeiro de 1993

AGRADECIMENTOS

Eu gostaria de expressar minha gratidão às muitas pessoas que ajudaram a tornar este livro possível:

A Eric Kolvig, cuja perícia editorial, cujos esforços e cuja lucidez estão presentes em cada uma destas páginas;

A Sharon Salzberg, a Michele McDonald Smith, a Steven Smith, a Carol Wilson e a Steve Armstrong, os professores que são meus colegas nos retiros de três meses, e que deram, todos eles, apoio e amizade, cultivando minha compreensão no decorrer de muitos anos;

A Devi Harris, que com amor e bom humor ofereceu um quarto com vista para uma bela paisagem, um computador do tipo *notebook* e excelentes macarronadas;

A Kedar, por inúmeras horas enfrentando o combate do Dharma, demonstrando um excelente humor no decorrer do processo;

A Ram Dass, pelo seu maravilhoso exemplo de ação com compaixão no mundo;

A Surya, cuja amizade amorosa ajudou a abrir perspectivas totalmente novas;

A Lila Wheeler, pelos bons conselhos literários;

A Kendra Crossen, Andy Cooper e DeAnna Lunden, cujas sugestões editoriais sempre foram de grande ajuda;

A Anasuya Weil, pela transcrição constante e cuidadosa;

À equipe do IMS, pelo seu generoso serviço ao Dharma;

E às muitas pessoas cujas perguntas deram origem a esse empreendimento.

Que os méritos deste livro sejam dedicados à felicidade e à libertação de todos os seres.

UM

O QUE É O CAMINHO?

O DHARMA

"Fez-se o que tinha de ser feito."

Esta frase, tão freqüentemente encontrada em textos budistas, sempre me inspira. Ela aparece em muitas das "canções de iluminação", palavras pronunciadas por homens e mulheres no momento de sua libertação. As palavras invariavelmente me dão alegria porque me lembram que realmente podemos seguir o caminho da liberdade até o fim. E será um momento maravilhoso quando cantarmos esta canção: "Fez-se o que tinha de ser feito."

No entanto, dúvidas podem nos perseguir. "Será possível despertar? Pode ter sido possível para o Buda, mas será possível para mim? Será que realmente posso fazer isso?" Podemos, desde que saibamos qual é o caminho.

Praticamos o Dharma para compreender esse caminho, para ser livres. Esse é o núcleo básico de todos os esforços que fazemos, porque, a partir da liberdade, originam-se a ligação, a compaixão, a bondade amorosa e também a paz. A palavra *Dharma*, em sânscrito, ou *Dhamma*, no idioma páli, é um termo abrangente com muitos significados. Entre outras coisas, significa a verdade da maneira como as coisas são. Significa os elementos específicos da experiência e as leis naturais que governam essa experiência. *Dharma* também se refere aos ensinamentos do Buda e aos caminhos da prática que leva ao despertar. Portanto, o Dharma inclui tudo. Tudo é Dharma; tudo segue as leis de sua própria natureza.

Com essa clareza, o Buda viu como os estados mentais e os caminhos da ação levam a diferentes resultados. Estados de uma mente incompleta causam determinadas conseqüências. Estados de uma mente completa levam a outros resultados. À medida que começamos a compreender a verdade de como as coisas são, descobriremos nós mesmos o que provoca sofrimentos na nossa vida e o que traz felicidade e liberdade.

Não existe nenhuma compulsão nos verdadeiros empreendimentos espirituais. O Buda nos deixou um amplo mapa da realidade. E quando compreendemos bem esse mapa, podemos escolher livremente a direção que queremos tomar. É simples. Se quisermos ser felizes e se compreendermos as causas da felicidade, então, cultivando essas causas, a felicidade ocorrerá.

Podemos fazer essas escolhas porque o Dharma é a realidade da lei natural, de como as coisas funcionam. Se a nossa vida se desenrolasse aleatoriamente, sem quaisquer leis físicas ou morais, não teríamos nenhuma influência sobre elas; estaríamos simplesmente sujeitos aos ventos do caos. Embora inicialmente a nossa mente possa dar a impressão de ser um redemoinho de atividades, o impressionante caminho da prática do Dharma nos ajuda a começar a colocar ordem nas coisas. Conferimos certa estabilidade e capacidade de concentração à nossa mente, e vemos quais elementos delas nos levam a uma paz maior e quais a um sofrimento maior. Tudo isso – tanto a paz como o sofrimento – ocorre de acordo com leis determinadas. A liberdade está na sabedoria da escolha.

Quando seguimos o caminho da consciência, vemos que a finalidade mais profunda que todos temos é a de aperfeiçoar as qualidades do nosso coração e da nossa mente. O caminho espiritual transforma a nossa consciência, purificando-a da cobiça, do ódio, da ignorância, do medo, da inveja, do ciúme – as forças que criam sofrimentos em nós e no mundo.

Todos compartilhamos essa finalidade fundamental da liberdade. Ela é o potencial universal da mente. Durante meus primeiros anos praticando na Índia, estudei com Munindra-ji, um dos meus mestres, em Bodh Gaya, o lugar onde o Buda despertou. Bodh Gaya é um pequeno vilarejo com muitos templos bonitos, e quando Munindra-ji e eu caminhávamos pela aldeia, ele freqüentemente me mostrava os habitantes humildes da região que tinham sido seus discípulos. Muitos deles conseguiram atingir diferentes estágios de iluminação.

A visão dessas pessoas me encorajava, porque, a julgar pela sua aparência, ninguém nunca adivinharia suas conquistas espirituais.

Pareciam ser habitantes humildes de aldeia interessados apenas em suas atividades corriqueiras. Passei a apreciar, em primeira mão, a verdade tantas vezes repetida de que a realização não depende da base social ou educacional. Todos compartilhamos de uma mesma coisa em comum: o fato de estarmos vivos, de termos uma mente e um coração. Nossa tarefa consiste em despertar e purificar esse coração e essa mente para benefício de todos.

A compreensão dessa tarefa, desse caminho, fornece um contexto dentro do qual podemos manter e medir cada uma das nossas ações. Será que essa ação que estamos prestes a realizar – qualquer ação – nos ajudará a despertar ou nos atrapalhará? Em todas as situações na vida, podemos praticar a purificação da mente. Quando conhecemos o caminho da liberdade e nos ligamos a ele, quando nos comprometemos com ele, pouco importando quais possam ser as conseqüências, sem dúvida nenhuma poderemos um dia cantar nossa canção de iluminação: "Fez-se o que tinha de ser feito."

O MEDO DA ILUMINAÇÃO

Às vezes, os que meditam dizem que o medo da libertação os atrapalha em suas práticas; à medida que avançam por territórios não cartografados, o medo do desconhecido torna-se um obstáculo a ser vencido. Mas isso não é realmente um medo da iluminação. É sobretudo o medo de *idéias* ligadas à iluminação. Todos temos idéias sobre a liberdade: a dissolução em meio a uma grande explosão de luz ou a um grande clarão cósmico. A mente pode inventar muitas imagens da experiência da libertação. Por vezes, nosso ego cria imagens de sua própria morte, o que nos deixa amedrontados.

A libertação significa o abandono do sofrimento. Será que você receia a perspectiva de ficar livre da cobiça? Ou tem medo de se livrar da raiva e das ilusões? Provavelmente, não. A libertação significa nos livrar desses aspectos da mente que nos atormentam e limitam. Portanto, a liberdade não é alguma coisa mágica ou misteriosa. Ela não nos tranforma em algo estranho. A iluminação significa a purificação da nossa mente e o abandono das coisas que causam tantos sofrimentos na nossa vida. É algo extremamente simples.

Imagine que você está segurando um carvão em brasa. Certamente, você não teria medo de soltá-lo. Na verdade, se você percebesse que está com ele na mão, você provavelmente se apressaria em jogá-lo fora. Mas muitas vezes não percebemos como continuamos nos apegando a coisas que nos fazem sofrer. Essas coisas parecem estar grudadas em nós. É isso que praticamos: a conscientização de como o sofrimento surge na nossa mente, de como nos identificamos com ele e do aprendizado no que respeita a abandoná-lo. Aprendemos com a observação simples e direta, vendo o processo repetidas vezes até conseguirmos compreendê-lo.

Quando o Buda descreveu seus ensinamentos da maneira mais sucinta, disse que ensinava uma coisa e apenas uma coisa: o sofrimento e o fim do sofrimento. Compreender essa realidade liberta a nossa mente e abre mais completamente as possibilidades para ações de compaixão no mundo.

A INTELIGÊNCIA E O PROGRESSO

O despertar é para todos. Pessoalmente, fico muito satisfeito com a constatação de que o progresso no caminho não depende do nível de inteligência de cada um. A compreensão desse fato representou uma grande abertura para mim durante os anos que passei treinando para me tornar um mestre.

Quando estava na Índia com meu mestre, Munindra-ji, assisti a muitas de suas entrevistas com iogues para aprender sua maneira de ensinar. Depois de algumas dessas reuniões, ele descrevia os tópicos de meditação que melhor serviam para as pessoas. Certa vez, ele disse: "Pois é, este tema é bom para pessoas inteligentes e este outro para gente imbecil." Tive uma reação imediata e muito forte a essa catalogação. Por causa de determinado condicionamento ocidental, típico da classe média, eu me senti ofendido com a possibilidade de alguém poder ser rotulado de imbecil.

Foi muito libertador aprender que, para a prática espiritual, não há preferências nem vantagens baseadas na inteligência. Algumas pessoas são inteligentes e outras não. Segundo o ensinamento, se você é inteligente deve fazer uma coisa e, se não é, deve fazer outra. O *Visuddhimagga (O Caminho da Purificação)*, um livro com grande parte dos ensinamentos do Buda, descreve diferentes tópicos de meditação e indica os tipos de pessoas para os quais eles são mais indicados.

Com o passar dos anos, comecei a apreciar tanto as vantagens óbvias que a inteligência proporciona como também alguns dos seus terríveis perigos. Todos conhecemos pessoas que se identificaram fortemente com suas inteligências, passando a depender exclusivamente delas. Isso pode se tornar uma grande armadilha para o ego, o que é prejudicial para a própria pessoa e para os demais. A inteligência também pode ser uma grande bênção, propiciando uma lucidez de valor incalculável. Para mim, foi muito importante aprender que muitas outras qualidades da mente refletem bem mais a nobreza e a beleza do caráter do que a inteligência. Generosidade, amor, compaixão ou devoção não dependem de um QI elevado.

Uma das minhas histórias prediletas do tempo do Buda gira em torno de um discípulo dele pouco dotado de inteligência. Seu irmão, outro discípulo, era um *arhat*, um iluminado, além de muito inteligente e esperto. O irmão simplório tinha se inspirado nos ensinamentos e fora ordenado monge. Ele tinha o melhor coração possível, mas sua mente realmente era bastante lenta. Por causa dessa lentidão, seu irmão lhe recomendou que exercitasse a memória decorando uma estrofe de quatro versos dos ensinamentos do Buda.

O monge esforçou-se muito para decorar o primeiro verso. Depois, quando tentou decorar o segundo, constatou que esse verso o fazia esquecer o verso anterior. Sua mente não era capaz de guardar mais do que um único verso. Com muito afinco, continuou se esforçando, mas simplesmente ele não tinha inteligência suficiente para conseguir o que queria. Seu irmão arhat finalmente desistiu e disse:

"É inútil, não há esperança. Seria melhor que você deixasse a ordem dos monges." O pobre tolo se sentiu totalmente rejeitado. E foi tomado por uma enorme tristeza, porque seu coração estava dedicado ao Dharma.

Quando, sentindo-se muito mal, ele estava se preparando para voltar à sua aldeia, o Buda, sabendo o que ocorrera, veio e caminhou ao seu lado. Ele acariciou a cabeça do homem tolo e o consolou, ensinando-lhe um exercício apropriado para sua condição. "Eu tenho um tema de meditação para você. Pegue este lenço branco e fique ao sol forte, esfregando-o." Sua meditação resumia-se nisso.

O homem tolo pegou o lenço, ficou ao sol e começou a esfregar o pano. Lentamente, o lenço começou a ficar sujo por causa do suor de suas mãos. E quando isso aconteceu, despertaram nele lembranças de vidas anteriores dedicadas à prática, quando ele vira impurezas saindo do seu corpo. E enquanto continuava observando o lenço sujo, instaurou-se nele uma calma profunda e sua mente se desenvolveu. Ele ficou totalmente iluminado. Dizem que, quando foi iluminado, ele foi dotado de inteligência e de todos os poderes psíquicos tradicionais, além de uma profunda compreensão do Dharma. A história termina com a descrição de algumas brincadeiras psíquicas bem humoradas que o ex-homem tolo fez com seu irmão, que ficou surpreso.

Sinto um grande afeto por esse homem tolo.

UM SABOR

A iluminação é gradual ou ocorre de repente? Esta pergunta deu origem a várias escolas de budismo. Mas sempre tive a impressão de que a libertação é súbita e gradual e que não existe nenhuma polaridade entre essas duas formas.

A iluminação sempre é repentina. É uma graça; quando as condições são propícias, ela ocorre. Mas o caminho que leva a esse momento é gradativo. Nós praticamos, criamos o campo, preparamos o solo e a mente eventualmente se abre de modo repentino e espontâneo. Mais tarde, depois do repentino despertar, ocorre o cultivo e o amadurecimento gradativo da mente iluminada.

O Buda afirmou de um modo bem claro que a nossa mente, em seu estado natural, é pura, mas está obscurecida por aviltamentos externos. Num dos seus discursos, ele disse: "A mente é radiosa, brilhante e iluminada; mas ela é maculada por aviltamentos que a visitam. A mente é radiosa, brilhante e iluminada; e quando os aviltamentos que a visitam são eliminados, ela passa a ser livre."

As técnicas podem variar, mas os ensinamentos essenciais do Buda – quanto à natureza do sofrimento e a realização da liberdade – são encontrados em todas as tradições budistas. Inúmeras formas se desenvolveram em todos os lugares onde o Dharma floresceu: Índia, Birmânia, Tailândia, Tibete, China, Japão, Coréia, Sri Lanka, Camboja, Vietnam e outros. Munindra-ji contou-me que estava familiarizado com mais de cinqüenta técnicas de meditação de introvisão apenas na Birmânia.

Não se deve aceitar a idéia de que existe apenas um único caminho certo ou uma só técnica para a prática do Dharma. A liberdade e a compaixão são os pontos de referência para todas as práticas. Tudo o mais são meios práticos. Existem muitas experiências ao longo do caminho. Assim que nos instalamos em determinado lugar, achando que "é isso", já passamos da grande jóia do vazio, criando outra visão sectária.

Um dos meus mestres formulou o que acredito seja válido para todas as tradições, práticas, técnicas e visões. Ele disse: "A não ser que uma prática esfrie as labaredas da cobiça, da aversão e da ignorância, ela de nada vale." Esta é a medida de tudo o que fazemos.

O que é realmente maravilhoso quanto ao Dharma no Ocidente é a oportunidade dos praticantes de todas as tradições se encontrarem e aprenderem uns com os outros. Cada uma das grandes tradições – Therevada, Mahayana e Vajrayana (budismo tibetano) – tem muito a oferecer. Como disse o Buda: "O Dharma tem um sabor, o sabor da liberdade."

E, para todos nós, a prática é a chave. Existe uma história maravilhosa sobre Milarepa, o grande iogue tibetano. Parece que, no final de sua vida, Milarepa levou o mais destacado dos seus discípulos a um lugar afastado nas montanhas para lhe transmitir seus ensinamentos mais secretos. Com grande reverência e devoção, o discípulo aguardou esses ensinamentos. Milarepa curvou-se, mostrou o traseiro e apontou para os grandes calos que se formaram por causa de anos e anos que tinha passado sentado, meditando.

Como indivíduos, passaremos por diferentes ciclos à medida que nossa prática for prosseguindo e avançando. Haverá ocasiões em que você sentirá muita energia quanto a passar muito tempo em retiros silenciosos de meditação, capazes de ajudar na conscientização e de criar novos níveis de conhecimento. Em determinados pontos, porém, você poderá constatar que está perdendo energia em função dessa prática tão intensa. Essa redução no ciclo ocorre depois de alguns anos, alguns meses ou até mesmo, no início, depois de alguns dias de prática intensa. E quando ela ocorre, é algo que depende do nível de desenvolvimento de cada pessoa e da sua situação particular de vida.

Conheci uma pessoa em retiro que estava praticando na Ásia havia vários meses. Sua prática tinha atingido determinado nível de desenvolvimento mas, por algum motivo, ela não conseguia fazer mais progressos. Quando nosso mestre lhe perguntou a respeito das condições em casa, ela mencionou um forte desejo de rever a família. Nosso mestre aconselhou-a a voltar para uma visita. Depois de ver a família, sua mente ficou sem esse obstáculo e, quando ela voltou para praticar, conseguiu terminar o curso de treinamento.

Evite adotar um modelo fixo e rígido de como a sua prática deve transcorrer. Em certas ocasiões, é possível que você se sinta atraído a examinar sua mente numa situação de retiro isolado. Em outras, você pode não sentir essa necessidade de estar só. Simplesmente, procure seguir o ritmo do ciclo de uma maneira simples e natural. Se a libertação é a aspiração central da sua vida, períodos de intensa prática de meditação podem ter um valor inestimável. Eles geram grande energia, poder e introvisão. Mas também existem ciclos em que se vive ativamente no mundo, desenvolvendo a generosidade, a moral, a sinceridade e a compaixão, qualidades mais facilmente expressas na vida diária do que em retiros. E, por sua vez, essas grandes forças mentais servirão para melhorar ainda mais a sua intensa meditação.

QUATRO NOBRES VERDADES

À medida que os ensinamentos do Buda se difundiram pela Ásia e pelo restante do mundo, surgiram muitas escolas de interpretação, cada uma com sua própria ênfase, sua metafísica e seus meios eficazes. Apesar de as diferentes tradições poderem discordar quanto a alguns pontos do Dharma, uma formulação dos ensinamentos continua sendo a jóia central, comum a todas elas: as Quatro Nobres Verdades.

O Buda descreveu a Primeira Nobre Verdade como sendo a verdade do sofrimento. No idioma páli, a palavra *dukkha* tem uma ampla gama de significados, incluindo sofrimento, insegurança e insatisfação. O Buda despertou, sem medo nem autopiedade, para a realidade do sofrimento na vida. Ele reconheceu muito claramente os problemas do sofrimento: a dor do nascimento, a velhice, a morte, o luto, a dor, o desespero, a associação com pessoas não-amadas, a separação das pessoas amadas, a não obtenção do que desejamos – tudo isso é dukkha. Ao observar a natureza dos fenômenos condicionados num nível cada vez mais profundo e sutil, começamos a reconhecer sua natureza inerentemente insatisfatória.

Todos sabemos que sensações dolorosas no corpo ou na mente são sofrimentos. Mas também podemos compreender esta verdade do dukkha quando nos conscientizamos do caráter momentâneo da experiência. Nenhuma experiência, por mais maravilhosa que seja, nos trará uma satisfação profunda e duradoura, justamente por estar sempre se modificando. O fluxo contínuo dos fenômenos lembra-me a água que jorra da borda de uma alta cachoeira. A água está sempre caindo, sem parar de fazê-lo e sem descansar. Esta é a natureza de todas as experiências.

Além disso, no Sermão do Fogo, Buda descreveu claramente um terceiro tipo de sofrimento: "O olho está queimando, a orelha está queimando... o corpo... a mente... queimando com o quê? Queimando com o fogo da cobiça, com o fogo da aversão, com o fogo da ignorância."

Encontramos dificuldade para aceitar a verdade do sofrimento porque estamos condicionados a procurar refúgio em maneiras convencionais. Procuramos refúgio e felicidade em coisas agradáveis, em coisas que também são transitórias. Freqüentemente, não fazemos o esforço necessário para fazer uma pausa, para nos desenvolver para nos sensibilizar quanto ao que realmente está acontecendo.

O maravilhoso paradoxo quanto à verdade do sofrimento é que, quanto mais nos desenvolvemos e o compreendemos, mais livre e mais leve nossa mente se torna. Ela se amplia, se desenvolve e se torna mais feliz quando deixamos de evitar as coisas e de negar o que é verdadeiro. Deixamos de ser tão impelidos por desejos compulsivos e por vícios, porque vemos claramente a natureza das coisas.

Mas não basta simplesmente ver e compreender o sofrimento em nossa vida. A Segunda Nobre Verdade reconhece suas causas. Quais são as causas do sofrimento? No idioma páli, a palavra é *kilesa*, que significa emoções aflitivas, os tormentos da mente, tais como a cobiça, a inveja, o ódio, a raiva, o medo. Estes e outros estados nos atormentam e criam o sofrimento.

As kilesas se manifestam em diferentes níveis. Por vezes, são tão fortes que podem causar o que um monge budista da Birmânia traduziu como "comportamento abusivo": matar, roubar, adotar más condutas sexuais, causar grandes danos a si mesmo e aos outros. A força dessas kilesas é muito óbvia quando examinamos o que está acontecendo no mundo inteiro: assassinatos, estupros, torturas, fome, conflitos nacionais. Todo esse sofrimento tem suas raízes na mente das pessoas, na nossa própria mente.

Podemos abandonar esse nível de sofrimento quando temos um compromisso com preceitos éticos, com comportamentos não prejudiciais. O Buda ensinou cinco preceitos de treinamento como uma grande proteção contra esses tipos de atos nocivos: não matar, não roubar, não adotar más condutas sexuais, não mentir e não ingerir substâncias tóxicas e capazes de acabar com a lucidez da mente. Imagine como o mundo poderia ser diferente se todos seguissem pelo menos parte de *um* desses preceitos – não matar outros seres humanos.

Um nível médio de kilesas equivale a esses estados mentais nocivos que causam ações faladas ou mentais que não chegam a ter muito impacto. E o nível mais sutil das kilesas é conhecido como violação latente ou tendências aflitivas latentes. Elas não se encontram presentes no momento, mas podem surgir se ocorrerem circunstâncias apropriadas. Podemos ver essas latências em funcionamento quando pessoas são colocadas em situações de extrema tensão, e cometem ações que, normalmente, nem sequer considerariam.

O Buda deu grande ênfase à eliminação de uma violação em particular com a finalidade de abandonar as causas do sofrimento. Essa kilesa, considerada a mais perigosa de todas, é a forte crença em algum tipo de "eu" permanente. Enquanto a nossa mente for afetada por essa visão errada, por essa percepção incorreta, ela nos levará a cometer muitos outros tipos de ações nocivas. Se temos uma idéia errada do "eu", então precisamos defendê-la e favorecê-la e, conseqüentemente, muitas de nossas ações começam a girar em torno dessa visão errada. O escritor Wei Wu Wei expressou de modo sucinto o efeito ilusório dessa kilesa de raiz: "É como um cão latindo no alto de uma árvore que não existe."

A meditação purifica a mente dessa mais profundamente condicionada kilesa, que já causou tantos sofrimentos na nossa vida e que é fundamentalmente a percepção errada da nossa existência. Através do poder da consciência atenta, conseguimos ter certa idéia, certa noção do que significa o altruísmo – a ausência do eu. Compreendemos isso, não teoricamente nem conceitualmente, mas na liberdade vivenciada do momento.

Essa compreensão libertadora não é nova. Ela remonta aos tempos do Buda e dos inúmeros Budas anteriores a ele. Essa compreensão é a natureza do próprio Dharma. Ela também se expressa na sabedoria de muitas pessoas de diferentes culturas. Um samurai japonês do século XIV escreveu:

Não tenho pais:

Faço dos céus e da terra os meus pais.

Não tenho casa:

Faço da consciência a minha casa.

Não tenho vida nem morte:

Faço das marés da respiração minha vida e minha morte.

Não tenho poder divino:

Faço da honestidade o meu poder divino.

Não tenho amigos:

Faço da minha mente o meu amigo.

Não tenho inimigo:

Faço da falta de cuidados o meu inimigo.

Não tenho armadura:

Faço da benevolência a minha armadura.

Não tenho castelo:

Faço da mente imóvel o meu castelo.

Não tenho espada:

Faço da ausência do meu eu a minha espada.

Todos somos samurais, fazendo nossa espada da "ausência do eu". Essa espada da sabedoria corta a ignorância, as ilusões.

A Primeira Nobre Verdade ensina a verdade do sofrimento e seus diferentes níveis. O praticante que compreende a Segunda Nobre Verdade reconhece e abandona as causas do sofrimento, mina e elimina as aflições da mente, principalmente a visão do eu.

A Terceira Nobre Verdade ensina que pode haver um fim para o sofrimento, um abandono do fardo. Vemos o fim do sofrimento em diferentes momentos da nossa prática. Podemos usufruir essa liberdade no exato momento em que uma kilesa desaparece. Quando somos apanhados pelas emoções aflitivas, nós nos sentimos sufocados, queimando, limitados; e no momento em que abandonamos essa identificação, nossa mente é libertada. Exatamente nesse momento, sentimos o sabor da liberdade, o sabor do fim do sofrimento. Essa liberdade é real; ela está na nossa experiência; não é apenas uma mera idéia agradável. Cada vez que nos conscientizamos de um pensamento, em vez de nos perdermos num pensamento, vivenciamos essa abertura da mente.

Uma experiência familiar dessa libertação ocorre quando vamos ao cinema, ficamos totalmente absorvidos na história e depois andamos pelas ruas. Acontece uma espécie de deslocamento da realidade, um pequeno choque do despertar: "Ora, mas foi apenas um filme!" Mas até que ponto estamos perdidos nos filmes intermináveis da nossa mente? Cada instante em que nos conscientizamos atentamente do que está acontecendo transforma-se num momento de despertar da nossa própria história. "Ah, sim; foi apenas um pensamento. Não é o grande drama que pensei que fosse." Esse é um momento de desenvolvimento.

Vivenciamos a verdade do fim do sofrimento de outra forma naquele estágio da prática da meditação conhecido como "equanimidade quanto às formações". Uma mente repleta de equanimidade está calma e equilibrada com qualquer coisa que possa surgir na sua experiência. Sentimo-nos tranquilos à medida que as coisas vêm e vão; uma mente equânime não se movimenta em reação a tudo. Esse estado está ligado à mente de um ser completamente iluminado. E assim, antes mesmo de conseguir a libertação completa, já podemos vivenciar esse local de paz.

Nós também vivenciamos a verdade do final do sofrimento abrindo-nos para o fim de todos os fenômenos condicionados – a compreensão do não-condicionado, do não-nascido.

A Quarta Nobre Verdade do despertar do Buda fornece o desenvolvimento completo do caminho que leva à libertação. Esse caminho da prática é direto e imediato, apesar de exigir grandes doses de perseverança e de comprometimento. O caminho da prática consiste em três treinamentos. Primeiro, treinamos a moral, o não prejudicar os outros. Se tentarmos praticar a meditação sem o alicerce da boa vontade para com nós mesmos e para com os outros, isso será como tentar cruzar um rio sem antes desatar a corda que prende o barco; nossos esforços, pouco importando quão intensos possam ser, não darão frutos. Precisamos praticar e desenvolver a nossa capacidade de viver honestamente e com integridade.

No segundo treinamento, desenvolvemos energia, a concentração e a atenção. Estes são os instrumentos de vida e de meditação que nos permitem despertar. Sem eles, simplesmente nos limitamos a agir segundo os padrões do nosso condicionamento.

Esses dois treinamentos representam a base para o terceiro, que é o surgimento da sabedoria. A sabedoria é a visão clara da natureza impermanente e condicionada de todos os fenômenos, sabendo que tudo o que surgir também terá, em sua natureza, a cessação. Quando vemos profundamente essa impermanência, deixamos de nos agarrar às coisas; e quando deixamos de nos agarrar a elas, chegamos ao final do sofrimento.

POSTE SINALIZADOR

Nada do que fazemos cria o incondicionado. Tudo o que se origina nesta mente e neste corpo é um fenômeno condicionado. Todos os elementos da experiência surgem e passam, condicionados por causas. O incondicionado é não-causado, não-nascido; está além de tudo o que surge e passa. O incondicionado está ali. Sempre esteve. Não é algo criado no tempo; é algo que não foi criado. Poderíamos chamá-lo de base do ser, ou de realidade máxima, ou nirvana, ou não-nascido – há inúmeros nomes para isso. E tal como um caminho que leva a uma montanha não causa a montanha, o caminho da prática nos leva a essa liberdade mais superior, mas não é a causa dela.

O que fazemos é caminhar por esse caminho, e quando as condições são propícias, a mente se desenvolve. Esse desenvolvimento pode acontecer a qualquer momento. Existem, ao longo desse caminho, alguns postes sinalizadores que são comuns a muitos, se bem que as pessoas também possam se desenvolver de muitas maneiras.

O Buda freqüentemente ensinava que a sabedoria decorre da concentração da mente. Podemos desenvolver essa constância da atenção estabelecendo relação com o objeto que surge, tal como a respiração, e depois manter essa nossa consciência. Uma vez desenvolvida a estabilidade da atenção, em vez de nossa luta para manter a mente no presente, ela simplesmente se detém nele, naturalmente.

Embora, ocasionalmente, nossa atenção se desvie do objeto, perdendo-se em algum pensamento, o impulso da consciência e da concentração atingiu o ponto em que a atenção espontaneamente retorna a um local de serena vigilância. Este se torna o local onde residimos.

Com o poder da concentração como base, começamos a observar a mente e o corpo a partir de uma gama de diferentes perspectivas, de diferentes estágios de experiência. Passamos por períodos de grande lucidez e felicidade, de verdadeiro brilhantismo da consciência, de ver as coisas com luminosidade extraordinária. Esses períodos não são duradouros. Depois passamos por estágios de abertura para a compreensão cada vez mais profunda do sofrimento. A abertura para esse lado do Dharma não é teórica. Nossa compreensão do sofrimento se origina do senti-lo diretamente na nossa vida e na nossa prática.

Assim sendo, temos a experiência da luminosidade e de uma grande alegria. E também temos a experiência do grande sofrimento. Depois chegamos a um local de profunda equanimidade. Tendo passado por esses dois outros estágios, nossa mente amadurece para um lugar onde ela deixa de se comover: ela não se agarra às coisas agradáveis e também não é repelida pelas coisas desagradáveis. Nossa mente atinge um equilíbrio muito profundo, como um rio calmo e profundo. A partir desse local maduro de equanimidade, surgem as condições que desenvolvem nossa mente repentinamente para o não-condicionado, para o que existe além do corpo e da mente, para a liberdade.

GRAÇA, OU AJUDA AO LONGO DO CAMINHO

Conscientização momento a momento – esta é uma forma exata de se descrever o grande empreendimento da autolibertação. Mas há outras maneiras válidas para se caracterizar nosso caminho. Na concepção mais ampla do caminho, no amplo contexto da prática espiritual, cultivamos e alimentamos determinadas qualidades que nos apóiam e impelem para a frente, rumo à liberdade. A palavra do idioma páli *Parami* refere-se a dez qualidades positivas da nossa mente e ao poder acumulado que elas nos trazem: generosidade, moral, renúncia, sabedoria, energia, paciência, honestidade, resolução, bondade amorosa e equanimidade.

O fato de não encontrarmos com muita freqüência a palavra *graça* usada pelas escolas do budismo pode nos permitir certa ligação com uma idéia nova e imediata da palavra examinando diretamente a nossa própria experiência. Acho que os paramis são uma grande influência na nossa experiência que correspondem ao senso da graça, não como uma doutrina teológica ou um conceito metafísico, mas como algo que realmente podemos sentir e conhecer.

O conceito dos paramis me lembra um verso de um poema de Dylan Thomas: "A força que pelo verde fuso impele a flor." Os paramis não chegam até nós a partir de algum ser que está fora de nós; pelo contrário, eles vêm da nossa própria pureza gradualmente acumulada. Uma compreensão budista da crença num poder mais elevado não envolveria necessariamente a crença em algum ser superior. Seria, isto sim, uma crença nessas forças de pureza que estão fora do nosso pequeno e restrito sentimento do *eu* e que constituem a fonte da graça na nossa vida.

No longo curso da evolução desta vida, e talvez de muitas outras vidas, geramos em nossa mente um poder de pureza através de atos de generosidade e de bondade amorosa, através de uma compreensão cada vez mais profunda e da sabedoria. Esse poder acaba tornando-se a força kármica que traz bênçãos em nossa vida. Isto significa que é o nosso próprio desenvolvimento interior, e não um agente exterior, que nos traz a graça. Desenvolva e fortaleça os paramis no seu interior e, a partir dessa fonte, goze as bênçãos dela resultantes.

Um poema de Galway Kinnel expressa de forma muito bonita a graça das bênçãos interiores:

São Francisco e a Porca

O botão
representa todas as coisas,
até as que não florescem,
pois tudo floresce, de dentro, da bênção de si mesmo;
apesar de por vezes ser necessário
ensinar de novo a alguma coisa a sua beleza,
pôr a mão sobre a testa
da flor
e dizer-lhe outra vez com palavras e toques
que é bela
até que floresça outra vez a partir de dentro, da bênção de si mesma;
como São Francisco
colocou a mão na testa enrugada
da porca, e lhe disse com palavras e toques
bênçãos da terra sobre a porca, e ela
começou a relembrar, em toda a sua corpulência,
do focinho enlameado, passando pela ração,
e chegando à espiral espiritual da cauda,
da dura vértebra da espinha
passando pelo grande coração partido
e chegando ao leitoso sonho que jorra
das catorze tetas para as catorze bocas que sugam:
a longa e perfeita beleza da porca.

A liberdade não pode ser encontrada dentro do retraimento da identificação do ego. A prática do Buddhadharma nos desperta para a realidade fundamental que está além desta identificação. À medida que os paramis se desenvolvem pela nossa prática – e eles estão se desenvolvendo há vidas inteiras – vivenciamos o surgimento de algo chamado *dhammoja* no idioma páli, a essência do Dharma. Aprofundando a prática da meditação, deixamos o campo conceitual pelo fluxo energético da consciência. Dhammoja é a energia que fica nos impelindo em direção à libertação. É algo muito maior do que a nossa limitada idéia de eu.

Passei por uma experiência intensa de dhammoja durante um dos meus períodos de prática na Birmânia. Eu estava na Ásia havia vários meses e estava rapidamente perdendo peso e força física. Num determinado momento, meu corpo ficou tão fraco que eu não conseguia sequer ficar sentado. Mas mesmo nesta condição física extremamente adversa, a energia do fluxo interior da consciência era tão forte que a meditação não era interrompida. Não havia nada que pudesse interromper o impulso da continuação. Esta experiência me lembrou das histórias em que o Buda visitava pessoas doentes ou moribundas. Freqüentemente, ele lhes dizia: "Apesar de o corpo estar enfraquecido e cheio de dores, exercite a mente para ela se manter alerta e atenta." Um pouco do dhammoja nos mostra que realmente podemos fazer o que o Buda aconselhava.

Outra compreensão da graça advém da visão budista de mundo que reconhece seres em outros planos da existência. Nas tradicionais culturas budistas, as pessoas acreditam que os *devas*, ou seres celestiais de planos superiores, possam trabalhar para nos proteger, guiar e ajudar em diferentes situações. O Buda ensinava que os devas são atraídos até nós pela força da nossa virtude e da nossa bondade amorosa. À medida que cultivamos e purificamos a nossa moral, o nosso amor, nós nos abrimos para receber sua energia positiva e sua ajuda benéfica.

Você pode optar por acreditar ou não nesse aspecto da cosmologia budista. Nossa liberdade não depende de coisas exteriores. Você pode chegar à libertação completa independentemente de acreditar ou não nos devas. Mas uma frase do poeta Coleridge pode sugerir uma atitude muito útil: *a suspensão voluntária da descrença*. Será que somos capazes de continuar aceitando as possibilidades de coisas que ainda não conhecemos por nós mesmos, sem uma crença cega ou uma descrença igualmente cega? Muitas coisas que nos dias de hoje parecem óbvias, há séculos teriam sido consideradas verdadeiros milagres.

Apesar de fortes influências ocultas, desde que as condições sejam certas, poderem nos ajudar, elas não podem realizar o trabalho da prática espiritual por nós. O benefício de criaturas exteriores como os devas é secundário para a força libertadora e interiormente desenvolvida do dhammoja e para os paramis.

Refletir sobre os nossos paramis pode ser uma grande ajuda na prática. A força da ilusão é tão forte que a maior parte dos seres nunca vê a possibilidade de sair do sofrimento. A idéia de que a mente pode ser purificada da cobiça, do ódio e da ilusão nem sequer ocorre à maioria das pessoas. Só um vasto reservatório de paramis nos leva à prática e cria a motivação e o interesse para realizar esse trabalho difícil, que acaba nos libertando. Apreciar os paramis no nosso íntimo pode ser uma causa do respeito por nós mesmos e da alegria. Muitas vezes, em meio aos muitos altos e baixos da prática, nos esquecemos de como são poderosos os paramis em cada um de nós. Eles criam a verdadeira graça na nossa vida.

O PAPEL DE UM MESTRE

A prática do Dharma nos leva ao limite do que é sabido. Na nossa vida, criamos principalmente para nós mesmos um espaço confortável, onde tudo está no seu devido lugar e onde sabemos exatamente qual é a nossa posição. Freqüentemente, nossa mente cria fortes defesas com a finalidade de manter a estabilidade tranqüilizadora na nossa área interior. Mas essa segurança também nos limita ao familiar, ao que pode ser reconhecido facilmente. Existem mundos de experiência e maneiras de ser que estão além dos hábitos do nosso condicionamento. Será que dispomos da coragem em termos de coração e de espírito para explorar o desconhecido?

Um mestre, guia e amigo espiritual pode ser de ajuda inestimável no caminho. Uma tal pessoa pode revelar o que está oculto, indicar o caminho e inspirar nossas mais elevadas aspirações. À medida que passamos os limites do conhecido, vivenciamos o sofrimento e a felicidade de maneiras novas e inesperadas. Às vezes, o sofrimento incentiva nossos esforços para nos tornarmos livres; outras vezes, simplesmente ficamos presos nos padrões do sofrimento, incapazes de encontrar uma saída. A felicidade pode nos enredar ainda mais. Existem muitos locais de repouso agradáveis ao longo do caminho espiritual. Começamos a nos sentir mais tranqüilos, mais harmoniosos, mais ajustados e mais compreensíveis. Nós nos relacionamos melhor com os outros; a vida fica mais fácil. E podemos decidir ficar nesse local agradável durante um longo período de repouso.

Um bom mestre sabe quando um discípulo está preso ao sofrimento ou a um tipo condicionado de felicidade. Empregando uma variedade de meios eficazes, ele se utiliza de tudo como combustível para o fogo do despertar. Às vezes, precisamos de encorajamento e de apoio amoroso; outras, de uma severa repreensão para acordar. Apreciei muito essa habilidade em U Pandita Sayadaw, meu mestre birmanês de meditação. Pouco importando que gloriosa experiência eu lhe contasse, ele nunca parecia ficar impressionado. Embora às vezes eu me sentisse desapontado, ele me deu o dom de não me conformar com qualquer coisa que não seja a libertação.

Outro mestre maravilhoso, Nyoshul Khen Rinpoche, ressaltava a liberdade mais elevada de outra maneira. Eu fora vê-lo para uma entrevista, e lhe contei minhas várias experiências de meditação. Ele comentou: "O preço do ouro aumenta e diminui, mas a natureza do ouro continua sempre a mesma." Muitas experiências vêm e vão na meditação, mas a natureza pura da mente continua. Tanto pelas palavras como pela presença, o mestre nos ajuda a não nos envolvermos com aparições temporárias.

Uma área de dificuldade que pode surgir no relacionamento entre o mestre e o discípulo é a confusão entre o poder e a autoridade. Em todos os setores da vida, sempre encontramos pessoas que compreendem determinadas coisas melhor do que nós. Reconhecer essa diferença cria para nós a possibilidade de aprendermos com elas. Isto nos ajuda a conservar a postura de um iniciante. Mas reconhecer os conhecimentos de alguém em determinada área não deve ser confundido em lhe atribuir poder. Podemos aceitar a condução, a instrução e a inspiração sem abandonar o nosso sentimento moral interior.

Problemas relacionados com o poder podem ocorrer de ambos os lados. Os mestres podem ter um genuíno nível de compreensão, mas podem ainda não estar completamente libertados, de maneira que podem, às vezes, agir em função da ignorância. Os discípulos podem estar muito dispostos a abrir mão dos seus poderes de sabedoria discriminatória em nome da humildade espiritual. Muitas vezes assumimos erroneamente que, como alguém possui uma verdadeira compreensão numa determinada área, essa maestria se estenda necessariamente para todas as outras áreas da vida. Isso pode ser verdade ou não.

Na tradição Theravada do budismo, o mestre é considerado um *kalyana-mitta*, um amigo espiritual. Um verdadeiro kalyana-mitta age por meio da bondade e da compaixão pelo sofrimento dos seres. Quando reconhecemos uma autoridade natural em mestres por causa da sabedoria deles, dos seus conhecimentos, de sua compaixão, e quando eles agem a partir desta autoridade natural, e não em função de uma postura que envolve a imperícia no poder, podemos nos beneficiar de modo incomensurável com a orientação deles. A relação entre mestre e discípulo pode ser a maior bênção na vida do discípulo; mas ela também tem o potencial de perigos e abusos. O reconhecimento dessas duas possibilidades nos ajuda a distinguir entre ambas.

ESTRADAS PARA A REALIZAÇÃO

O Buda nos ensinou a respeito de quatro caminhos ou estradas para o sucesso, para a realização, estradas que nos levam para a frente. São quatro diferentes qualidades de caráter, cada uma refletindo uma força da personalidade. Se formos capazes de reconhecer qual delas é a nossa força particular, podemos construir tomando por base esse poder que já temos; podemos fazer o que precisa ser feito.

Às vezes, as pessoas imaginam que praticar o Dharma significa levar uma vida sem a chama da paixão – achando que se trata de uma atitude de passividade fria e distante. Essa é uma idéia errada. Cada uma das quatro estradas para o poder envolve grande paixão, uma forte chama em nosso interior. E para aqueles dentre nós que são impelidos por esta paixão, o Dharma torna-se o mais importante compromisso da nossa vida.

O primeiro caminho para o sucesso, capaz de incentivar nosso

37

compromisso, é o zelo – o forte desejo de fazer, de realizar alguma coisa. Quando sentimos essa qualidade, sabemos que nada será capaz de atrapalhar o nosso avanço. Às vezes, quando penso nessa qualidade, lembro-me do extraordinário entusiasmo e da motivação dos atletas olímpicos, dos grandes músicos, ou ainda de todos os que conseguiram atingir a perfeição em alguma atividade. A qualidade do zelo, do fervor, parece impeli-los vida afora: "Eu vou fazer isso! É isso o que eu quero conseguir!" E eles o fazem, tomando por base a força da mente, esse inabalável sentimento de finalidade. Resumindo, o desejo de fazer, uma forte aspiração e motivação é uma das quatro estradas que levam ao sucesso.

A segunda estrada é a qualidade da energia. Uma pessoa que tenha essa determinação resoluta do coração sente-se *desafiada* pelo pensamento: "Esse empreendimento requer grande esforço. Sou capaz de levá-lo adiante!" Essa pessoa não apenas continua sem se abalar diante dos esforços exigidos, como também encontra inspiração no próprio desafio. É a sensação que nos diz: "Tudo o que pode ser conseguido através dos esforços é sempre algo que eu sou capaz de realizar."

Há algum tempo, li um artigo de jornal a respeito da morte de Secretariat, o legendário cavalo de corridas. O texto descrevia belamente o corajoso coração do animal, contando como essa coragem se manifestava de modo tão superior em todas as corridas das quais participou. Quando agimos em função desse lugar no coração, nos esforçando ao máximo, geramos grande força e poder.

Dipa Ma, uma das minhas mestras indianas, exemplificava esse esforço heróico. Houve momentos durante sua prática em que ela ficou tão doente e fraca que era obrigada a se arrastar escadas acima rumo ao saguão de meditações para continuar seu trabalho. Nada a abalava. Quando a encontrei pela última vez antes de morrer, Dipa Ma voltou-se para mim e disse: "Sabe, você deveria ficar sentado por dois dias." Ela não se referia a um retiro de dois dias, mas a uma sessão contínua de dois dias de duração! Dois dias sentado no mesmo lugar! Quando ela me disse isso, comecei a rir, porque era algo que parecia estar muito além da minha capacidade. Ela me encarou com muita compaixão e afirmou: "Não seja preguiçoso."

Dipa Ma possuía uma impressionante capacidade de esforço, e isso lhe trazia o tipo de resultado normalmente provocado por essa força mental. As pessoas com esse poder, com essa característica, as que têm essa grande capacidade de se esforçar, não se sentem desencorajadas pelo tempo que será necessário, nem pelas dificuldades que possam surgir. Podem ser necessários meses ou anos – não importa, porque a coragem do coração está presente.

O Buda também exemplificava essa qualidade. Antes do seu despertar, quando ele ainda estava buscando a verdade como todos fazemos, ele tomou a seguinte determinação: "Se o fim for possível de ser atingido por meio dos esforços humanos, não descansarei nem relaxarei enquanto não atingi-lo. Nem que restem apenas a minha pele, os meus nervos e os meus ossos. Nem que a minha carne e o meu sangue sequem. Não interromperei o caminho do meu esforço até conquistar o que pode ser conquistado pela capacidade humana, pelo esforço humano, pelo empenho humano."

A terceira estrada para o sucesso é o intenso amor pelo Dharma, o amor pela verdade, que mantém nossa mente continuamente absorvida na prática. Esse amor tem grande pureza de conscientização e é extremamente forte. Quando você se apaixona pela primeira vez – no sentido comum – sua mente fica repleta de pensamentos referentes à pessoa amada. O amor pelo Dharma tem esse mesmo nível de intensidade. Ele se transforma num caminho para a compreensão quando preenche a nossa mente. Refletimos continuamente sobre o Dharma, praticando-o; nada parece ser igualmente importante. Um tal amor pelo Dharma nos mantém em movimento. É o nosso amor mais elevado, o nosso valor mais elevado.

A última das estradas para o sucesso é a qualidade da pesquisa, da investigação. Algumas pessoas têm muito interesse em compreender os aspectos mais profundos dos ensinamentos. Elas não se satisfazem em conhecer apenas a superfície das coisas. Esse tipo mental contempla a imensidade do samsara – a roda de renascimentos – a imensidade dos planos da existência, e as implicações que essa ampla visão tem sobre a nossa vida. Uma pessoa dotada com essa curiosidade cada vez maior investiga e compreende o potencial de sofrimento e as possibilidades de liberdade. Tal pessoa encontra a mais profunda satisfação investigando e pesquisando os profundos mistérios da consciência.

Qualquer pessoa dotada de pelo menos *uma* dessas quatro bases de força sem dúvida alguma conseguirá atingir a libertação. Podemos nos libertar através do poder do zelo, do grande desejo e da motivação em seguir o caminho; podemos fazê-lo também pela qualidade do esforço heróico, um esforço impossível de ser sustado; podemos chegar ao despertar pela nossa absorção pelo Dharma e pelo amor que temos por ele; ou ainda podemos vivenciar a liberdade através do poder da investigação, da necessidade de saber e compreender. Qualquer um desses pode ser o nosso caminho para a realização.

Nosso trabalho consiste em reconhecer onde está a nossa força e em praticar tomando por base esse lugar da força, desenvolvendo-a, cultivando-a e fortalecendo-a cada vez mais. O grande desafio da nossa vida está em realizar o trabalho do despertar, em reconhecer que o caminho da prática está em acrescentar essas qualidades libertadoras do coração e da mente a cada um dos nossos momentos. O caminho do despertar ocorre momento a momento; ele é exatamente agora. Será que podemos segurar essa visão e ser completos na nossa atenção a este momento? Será que podemos ficar profundamente inspirados pelo que é verdadeiro, lembrando que nossa prática nunca serve apenas exclusivamente para nós? Praticamos pelo benefício e pelo bem-estar de todos os seres. O Buda indicou os quatro caminhos que levam ao sucesso. O resto cabe a nós.

DOIS

COMO PRATICAR

PROPÓSITO, ESFORÇO E RENDIÇÃO

Como podemos ter uma meta na prática, como podemos nos sentir inspirados por um sentimento de propósito e de direção e, mesmo assim, evitar o envolvimento num emaranhado de dificuldades e problemas? Esta é uma pergunta crucial para todos os que se encontram num caminho espiritual.

Todas as escolhas que fazemos na vida sempre envolvem algum tipo de propósito e de meta. Um claro sentido de destino nos ajuda a escolher de forma mais sábia o caminho que leva até ele. Portanto, quando sabemos qual é o nosso propósito para a meditação, começamos a compreender o grande significado da jornada espiritual; e essa compreensão, por sua vez, nos fornece a inspiração e a energia necessárias para percorrer o caminho.

O ensinamento do Buda inspira a jornada porque expressa claramente para onde leva o caminho da prática: a níveis mais profundos de compreensão e de liberdade, à pureza e à felicidade de um coração e de uma mente livres da avidez, do ódio e da ignorância.

Se você quiser aumentar seu esforço e sua energia para essa imensa jornada de liberdade, pode tentar algumas reflexões de grande poder. Tente refletir sobre a natureza efêmera e passageira da sua experiência. Apesar de podermos compreender intelectualmente esta verdade, são necessários cuidados e uma sábia atenção para vê-la e para senti-la profundamente. Para onde foi toda a sua experiência? Ela desaparece momento a momento. Podemos nos ater a idéias ou lembranças, mas elas também se transformam em apenas outras experiências efêmeras e passageiras. Considerando essa grande e óbvia verdade da impermanência, o que realmente tem valor na sua vida? O que realmente vale a pena cultivar?

Foi exatamente essa reflexão sobre a impermanência que motivou o futuro Buda a procurar iluminação na sua grande jornada. E enquanto ainda era um príncipe que vivia no seu palácio, ele se

43

perguntou: "Por que eu, que sou sujeito ao envelhecimento, às doenças e à morte, haveria de procurar o que também está sujeito ao envelhecimento, às doenças e à morte?"

Depois do seu grande despertar, o Buda encorajou e advertiu os outros quanto à sensação, que acompanha o conhecimento de que todas as coisas são passageiras: "Existem árvores e raízes de árvores", dizia ele a monges, monjas e leigos. "Meditem agora para não se arrependerem mais tarde." Naqueles tempos e naquele clima, as árvores forneciam lugares muito convenientes para a meditação.

O Buda sabia claramente como a vida passa depressa e como é raro e precioso o dom da oportunidade de praticar, de despertar. A não ser que usemos bem o tempo que temos à disposição na vida, podemos ter uma contínua sensação de remorso, uma sensação de termos deixado de fazer algo do maior valor que se possa imaginar.

Você também pode refletir a respeito do que primeiro despertou o seu interesse pela sua própria jornada de compreensão. Foi alguma profunda experiência de sofrimento pessoal? Foi compaixão pelo sofrimento alheio? Foi alguma intensa busca interior pelo significado ou pela finalidade da sua vida? Por vezes, perdemos contato com a motivação inicial da nossa inspiração. Isso pode nos ajudar a restabelecer o contato com esse interesse inicial e com essa inspiração. Fazendo isso, podemos reacender o fogo do esforço, da paixão por esse impressionante caminho do despertar e da libertação.

Sem essa chama do esforço, nada acontece. Nós simplesmente nos limitamos a agir e a vivenciar todos os velhos padrões habituais do nosso condicionamento. É extremamente difícil livrar-se desses hábitos, discernir de modo claro e evidente o que realmente está ocorrendo e fazer escolhas tomando por base a sabedoria e não o simples condicionamento das reações.

Mas só o esforço não é suficiente. Por mais valiosa que essa qualidade possa ser, ela também pode nos levar pelo caminho errado se excessivamente desenvolvida. Podemos ficar presos à meta da iluminação, tornando-nos muito ambiciosos, com um tipo de competitividade espiritual ou com uma grande tendência a avaliar o nosso próprio progresso. Podemos desejar e nos esforçar com um ímpeto excessivo,

44

capaz de se transformar em desespero. Querer que algo aconteça *já* é uma coisa que atrapalha a visão clara das coisas. Isso leva à frustração, ao desapontamento, ou mesmo ao desespero.

Reconhecendo (muitas vezes através de dolorosas experiências pessoais) as dificuldades decorrentes de uma mente cheia de expectativas, muitas pessoas preferem abandonar totalmente a idéia de uma meta. Isso também é um engano. Se abandonarmos um sentido de meta e adotarmos a idéia de que a prática consiste em simplesmente nos tornarmos conscientes e atentos com relação ao momento, sem nenhuma idéia de destino, de desenvolvimento ou de compreensão mais profunda, estaremos perdendo uma fonte de grande energia e inspiração.

O equilíbrio crítico que precisamos descobrir na prática da meditação – e, aliás, em todos os aspectos da nossa vida – é o meio-termo entre o esforço e a rendição. Superficialmente, essas duas qualidades parecem se contradizer. Como podemos fazer esforços, adotar propósitos e, ao mesmo tempo, nos entregar ao que está acontecendo, ao desenrolar natural da nossa experiência? Entender esse paradoxo é um momento decisivo para se conseguir compreender a totalidade da jornada espiritual.

A rendição não significa uma resignação passiva. Significa, isto sim, uma rendição ao Dharma, à verdade da experiência do momento. Tal aceitação permite que façamos esforços, que despertemos energias, mas sem a agitação ou a tensão da cobiça. Temos certo impulso espiritual, ao mesmo tempo que nos abrandamos e nos rendemos exatamente ao que está acontecendo neste momento, depois no próximo e, depois, no momento seguinte.

Nos primeiros anos da minha prática de meditação, eu cultivava essa qualidade da rendição lembrando a mim mesmo que minha função no retiro era simplesmente a de ficar sentado e caminhar, de ficar sentado e caminhar, de ficar sentado e caminhar – e depois permitir que acontecesse o que acontecesse. Cumprindo minha parte em termos de esforço dessa maneira simples, eu era capaz de me render a todos os altos e baixos da prática. Houve momentos em que tudo era simples, fácil, tranqüilo e maravilhoso, e houve momentos repletos de dor e dificuldades. Eu simplesmente me sentava e caminhava, me sentava e caminhava. E o Dharma continuava a se desenvolver.

Esse equilíbrio entre esforço e rendição pode ser compreendido de modo muito simples. Certa noite, percorri um caminho que atravessava a mata, indo da minha casa ao centro de meditação situado logo ao lado. Era evidente que eu tinha uma meta e uma finalidade muito definida em mente: chegar ao prédio que se erguia do outro lado da mata. Essa expectativa determinou o rumo a ser tomado, colocou-me no caminho e me manteve em movimento. Mas se eu fizesse qualquer coisa além de prestar uma cuidadosa atenção ao lugar onde estava colocando meus pés a cada momento, eu começaria a tropeçar nas pedras e no terreno, muito acidentado.

Ou então, pense em escalar uma montanha. Você precisa de equilíbrio em termos de perspectiva para continuar, para se manter interessado e com energia. Você precisa se conscientizar de cada passo que dá, do chão debaixo dos pés e, ao mesmo tempo, você precisa manter uma visão do pico em direção ao qual está se esforçando para chegar. Mantendo a visão – o contexto mais amplo de compreensão dos motivos pelos quais estamos percorrendo este grande caminho – ao mesmo tempo que damos uma atenção exata e meticulosa ao lugar onde nos encontramos a cada momento, podemos encontrar o equilíbrio e a energia para realizar a nossa libertação.

TREINAMENTO DO CORAÇÃO

No decorrer dos últimos vinte e cinco séculos, tem ocorrido uma interessante discussão quanto ao local onde habita a consciência. No cérebro? Ou será no coração?

Sem tentar dar uma resposta definitiva a essa questão, eu acredito que seja útil pelo menos saber que às vezes, na experiência da meditação, pode existir um senso muito forte de conscientização emanando do centro do coração – não do coração físico, mas do centro de energia psíquica situado no meio do peito. É possível que a energia da consciência venha do cérebro e seja sentida no coração, ou talvez ela tenha seu início no centro do coração e seja processada através do cérebro. Alguns idiomas asiáticos resolvem esse assunto de maneira bastante fácil, usando exatamente a mesma palavra para se referir tanto ao coração como à mente. Quando dizemos "mente" no sentido budista, não nos referimos apenas ao cérebro ou ao intelecto. "Mente", nesse sentido, significa consciência: a faculdade do conhecimento, que conhece um objeto, junto com todos os estados de sentimentos mentais e emocionais associados a esse conhecimento, estados que podem surgir em diferentes combinações em cada momento particular. Portanto, nessa compreensão meditativa, a mente e o coração são realmente a mesma coisa.

Nesse caso, o que é então o treinamento do coração, a transformação da consciência? A consciência simplesmente é o conhecimento. Mas junto com cada momento de conhecimento, diferentes estados mentais associados podem vir à luz. Os ensinamentos têm muito a dizer sobre esses estados – alguns deles nocivos, como a cobiça, o ódio, o medo e a ilusão; outros são benéficos, como a atenção, a compaixão, o amor e a sabedoria.

Podemos compreender o treinamento do coração como sendo o que o Buda chamou de "os quatro grandes esforços": na nossa prática, realizamos o esforço para diminuir os estados mentais nocivos que já vieram à luz e impedir que outros venham à tona. E, inversamente, nos esforçamos para fortalecer os estados mentais benéficos, que já se desenvolveram e em cultivar e incentivar os estados benéficos que ainda poderão aflorar.

Esta, portanto, é a fórmula da transformação. Em primeiro lugar, examinamos atentamente esse coração-mente para constatar o que é o quê. Por meio da cuidadosa prática da observação, desenvolvemos uma sabedoria discriminatória, de modo que compreendemos para nós mesmos quais são os estados mentais nocivos, ou seja, os que levam ao sofrimento, e quais os úteis, ou seja, os que levam à felicidade. E, tomando por base a nossa experiência, nossa clara observação, começamos a realizar esses quatro grandes esforços. Esse é o treinamento do coração que todos realizamos.

INSTRUÇÕES PARA A MEDITAÇÃO

Sente-se confortavelmente, com as costas retas, mas não rígidas nem tensas. Tranqüilamente, feche os olhos e atente para as sensações da respiração quando o ar passa pelas narinas ou pelo lábio superior. As sensações da inspiração aparecem de modo simples e natural. Observe como ela começa. Ou então, você pode optar por sentir o movimento do seu peito ou do seu abdômen à medida que o ar entra e sai do seu corpo.

Sempre que você optar por acompanhar as sensações da respiração, pouco importando se for nas narinas ou no movimento do peito ou do abdômen, treine sua consciência para se conectar claramente com o primeiro momento do início da inspiração. Em seguida, mantenha a atenção durante a duração apenas dessa inspiração. Faça novamente a ligação com o início da expiração e mantenha sua atenção fixa até o final.

É importante não ser ambicioso. Todos temos a capacidade de sentir completamente uma respiração. Mas se tentarmos fazer mais do que isso, se acalentarmos a idéia de que ficaremos atentos à nossa respiração durante meia hora, isso será um exagero. Pois conservar a atenção continuamente durante todo esse tempo é algo que está muito além da capacidade de nossa mente, e logo podemos desistir. Estabeleça a ligação e mantenha-a durante apenas uma respiração... e depois durante outra. Dessa forma, você poderá trabalhar segundo a sua capacidade, e sua mente começará a se concentrar de modo simples e fácil.

Por vezes, outros objetos virão à luz: sensações físicas, pensamentos, imagens, emoções. Observe como todas essas aparições afloram e se modificam na consciência aberta da mente. Freqüentemente, ficamos distraídos, perdidos na experiência, sem a atenção. Assim que se lembrar, volte ao estado simples da consciência.

No início, pode ser de grande ajuda concentrar-se primeiro, mas não de forma exclusiva, na respiração. A concentração desse tipo ajuda a estabilizar a atenção, mantendo-nos atentos e alertas. Trazer a mente de volta a um objeto fundamental, como a respiração, exige certa qualidade de esforço, e esse esforço acaba acumulando energia. É como fazer um exercício repetitivo com a finalidade de desenvolver a força muscular. Você continua fazendo isso e o corpo vai ficando cada vez mais forte. Voltar ao primeiro objeto da atenção é um exercício mental. Voltamos constantemente à respiração e, pouco a pouco, a mente vai ficando mais forte e mais estável. Nosso nível de energia aumenta. Depois, quando nos abrimos para uma consciência com menos opções de escolha, percebemos as coisas de um modo mais aprimorado e eficaz.

Se às vezes você sentir certa constrição ou tensão na prática, será útil se acalmar e abrir o campo da consciência. Abandone a respiração por algum tempo e simplesmente observe, alternadamente, o que aflora em cada uma das seis portas sensoriais (os cinco sentidos físicos e a mente): audição, visão, pressão, excitação, pensamento. Ou então, você também pode permanecer com a consciência aberta e natural, dando atenção apenas aos sons que aparecem e desaparecem. Ampliar assim o centro da atenção ajuda a mente a atingir um estado de equilíbrio e um espaço maior.

Você também pode usar a técnica da anotação mental para desenvolver a consciência atenta. A arte da anotação mental, como instrumento da meditação, exige prática e experiência. Rotular os objetos de experiência na medida em que eles emergem ajuda a atenção de vários modos diferentes.

A anotação deve ser feita muito tranqüilamente, como um sussurro mental, mas com precisão e exatidão suficientes para estabelecer uma relação direta com o objeto. Por exemplo, você pode rotular cada respiração, dizendo em silêncio: *entrando*, *saindo*, ou *levantando*, *caindo*. Além disso, você também pode anotar qualquer outra aparição que surgir durante a meditação. Quando pensamentos afloram, anote: *pensando*. Se as sensações físicas se tornarem predominantes, anote: *pressão*, *vibração*, *tensão* – ou o que for que estiver sentindo. Se os sons ou imagens vieram ao primeiro plano, anote: *ouvir* ou *ver*.

A própria anotação pode ser considerada como sendo outra aparição na mente, apesar de funcionar de modo a impedir a distração. A rotulação, como a colocação de uma moldura em torno de um quadro, ajuda você a reconhecer o objeto mais claramente e dá mais foco e precisão à sua observação.

A anotação mental ajuda a atenção de outra maneira, mostrando-nos quando a consciência é reativa e quando ela está realmente atenta. Por exemplo, podemos ter consciência da dor no corpo, mas por meio de um filtro de aversão. Sem o instrumento da anotação, muitas vezes deixamos de reconhecer a aversão, que pode ser uma coisa sutil que esteja revestindo a dor propriamente dita. O tom de voz empregado nas anotações mentais revela muito a respeito da nossa mente. Você fica sentado, anotando *dor*, *dor*, mas talvez conferindo à anotação o tom de quem está rilhando os dentes; o tom deixa óbvio o verdadeiro estado mental. É impressionante constatar que a simples mudança do tom de voz da anotação muitas vezes pode modificar seu estado mental. A anotação serve para aprimorar a qualidade da atenção, essa consciência muito particular e não-reativa.

A rotulação mental também fortalece o fator esforço-energia na mente. Como a anotação exige um esforço especial, algumas pessoas encontram dificuldade em fazer isso no início. No entanto, o esforço supera o torpor e a indolência; o próprio esforço para anotar calmamente cada objeto que esteja aflorando desperta energia, o que mantém a prática em desenvolvimento e em aprofundamento.

O uso habilidoso da anotação mental nos mantêm com muita energia, exatos e atentos. Tente essa técnica na sua próxima sessão, nem que seja apenas por um curto período de tempo no início. Simplesmente, anote cada aparição que surgir à medida que for se conscientizando dela: *aumentando*, *caindo*; *pensando*, *pensando*; *dor*, *dor*; *aumentando*, *caindo*. Enquadre cada momento da experiência com uma ponderada anotação mental e observe a diferença na qualidade da sua atenção.

Seja paciente ao aprender a usar esse instrumento da prática. Por vezes, as pessoas fazem observações com voz muito alta, o que acaba influenciando a experiência. Por vezes, as pessoas se esforçam demais, ficando tensas e presas por causa do esforço. Deixe que a observação flutue, pousando sobre o objeto, tal como uma borboleta que pouse sobre uma flor, ou deixe-a flutuar junto com o objeto, tal como uma bolha de sabão que se ergue no ar. Seja alegre, seja calmo, divirta-se.

Faça experiências com a técnica das anotações para encontrar a maneira mais eficaz de usá-la. Num determinado momento da minha prática de caminhadas, quando fazia cada passo de forma lenta e atenta, abreviei todas as anotações às suas primeiras letras. Em vez de anotar *levantando, movendo, colocando*, eu passei a anotar *l, m, c, l, m, c*. As anotações pareciam surgir sem nenhum esforço no ponto máximo de cada passo. No entanto, a finalidade da observação – manter a mente fixa e estável durante toda a duração do passo ou da respiração – foi atingida.

Investigue essa técnica para si mesmo. Se às vezes você achar que nada está interferindo de maneira excessiva, ou se for lento demais para as mudanças, deixe de lado a rotulação por algum tempo. Veja o que acontece. Brinque com o volume, brinque com as abreviações. Compreenda que isso é um instrumento e aprenda qual é a melhor maneira, no seu caso, para empregá-lo. Observe se ele o ajuda a conservar ou não a atenção. Descubra por si mesmo como a anotação funciona. Seja flexível, e procure ter prazer ao fazer essas explorações.

NINTENDO DHARMA

Você pode ter percebido como é fácil ficar presente quando se está envolvido numa atividade agradável, como a prática de um esporte, a exibição de um filme, a leitura de um livro ou até mesmo quando se está brincando com o Nintendo. Como se explica que seja possível desenvolver toda essa concentração nessas atividades, mas ficar distraídos e inquietos quando meditamos? Surpreendentemente, esta simples pergunta pode nos levar a uma profunda compreensão do sofrimento e da liberdade.

O que chamamos mente é a faculdade naturalmente pura de conhecer – é invisível, clara e lúcida. Alguns textos tibetanos se referem a ela como "o poder de percepção do vazio". Mas a mente inclui mais do que apenas conhecer, porque em cada momento da experiência, diferentes qualidades ou fatores mentais afloram com o conhecimento, conferindo a ele diversos matizes. Por exemplo, a cobiça, o ódio, o amor, a atenção, a concentração e a sabedoria, entre muitas outras coisas, são fatores mentais que afloram e que passam em diferentes momentos, cada qual funcionando a seu modo.

Quando participamos de várias atividades, diferentes fatores mentais estão em funcionamento. No caso do Nintendo, precisamos estar totalmente atentos ao jogo, caso contrário seremos derrotados. A mente precisa permanecer estável e concentrada, com um fator de concentração bastante forte. Além da concentração, outra qualidade da mente desempenha um papel crítico – o fator mental da percepção. A percepção reconhece, rotula e lembra de surgimentos anotando suas marcas características. Através do poder da percepção, reconhecemos cada objeto que surge da experiência: mulher, homem, pinheiro, Abraham Lincoln, computador, automóvel e inúmeros outros. A concentração e a percepção nos mantêm presentes e absortos em qualquer coisa que esteja acontecendo no jogo da vida.

A prática da meditação é diferente. Para desenvolvermos a introvisão e a sabedoria, precisamos acrescentar o fator da atenção à equação mental da concentração e da percepção. Essa atenção vai além do simples reconhecimento do que está acontecendo. Ela vai além de se manter a mente estável. Por meio do seu grande poder de observação, a atenção revela a natureza característica da experiência em si.

A absorção da atenção num filme ou num jogo com o Nintendo não revela o aspecto momentâneo dos fenômenos. Não vemos a impermanência e a falta de substância de todas as coisas e eventos, como também não percebemos a natureza vazia da própria consciência. A percepção e a concentração emergem a cada momento; até mesmo quando a mente se perde em pensamentos continuamos reconhecendo o que estamos pensando. Mas só a atenção revela *que* estamos pensando. Trata-se de uma diferença crítica. Por si só, a percepção não leva à introvisão da impermanência e da ausência do eu, porque nos envolve no conteúdo e na história do que aparece. A atenção emerge da história e anota o surgimento, momento a momento, e a passagem das impressões dos sentidos, dos pensamentos e da própria consciência.

Se compreendermos claramente esses três importantes fatores da mente – concentração, percepção e atenção – o equilíbrio entre eles se transforma no campo da liberdade.

ACEITAÇÃO

Quando ensinamos a meditação, freqüentemente aconselhamos os alunos a desenvolver uma "mente tranqüila e ampla". Mas certa vez, ao usar esta expressão na Austrália, descobri que lá "mente tranqüila" tem um significado bem diferente do que eu pretendia incentivar. Por esse motivo, me parece muito importante deixar bem claro o que queremos dizer.

Por "mente tranqüila e ampla" queremos nos referir à qualidade da aceitação. Por exemplo, vamos supor que você esteja observando sua respiração durante a meditação e perceba uma sensação de luta ou de tensão. Isso pode ser sinal de que outra coisa está ocorrendo na sua experiência, algo que você não está reconhecendo ou permitindo. Talvez você não esteja se abrindo a alguma outra sensação do corpo, algum desconforto ou alguma emoção subjacente. Ou talvez você tenha se envolvido demais nas expectativas, com um excesso de esforço, querendo que a experiência seja diferente do que realmente é.

A tranqüilidade significa a abertura para o que existe, o relaxamento dentro dele. Nessas ocasiões, tente usar o seguinte mantra: "Está tudo bem. Seja o que for, está bem. Vamos sentir o que há." Isso é uma tranqüilização da mente. Você pode se abrir para a experiência com uma sensação de permissão, simplesmente ficando com o que predominar: uma dor, um pensamento, uma emoção, qualquer coisa.

A tranqüilização da mente envolve dois estágios. Em primeiro lugar, fique muito atento à coisa que for predominante. Essa é a premissa básica para toda e qualquer meditação de introvisão. O primeiro passo consiste em simplesmente ver, em ser aberto.

Para o segundo estágio, observe como você está se relacionando com qualquer coisa que apareça. Muitas vezes, podemos estar com uma aparição emergente, mas de uma forma reativa. Se gostamos, tendemos a nos ater a isso; ficamos presos. Se não gostamos é porque consideramos a coisa de algum modo dolorosa e tendemos a nos retrair, a nos afastar dela por medo, por irritação ou por inquietação. Cada uma dessas reações é o oposto da aceitação.

A maneira mais fácil de relaxar é deixando de tentar fazer as coisas serem diferentes do que são. Em vez de tentar criar outro estado, simplesmente dê espaço para o que estiver acontecendo, pouco importando o que isso seja. Se você se sentar depois de ter estado atarefado, e sua mente parecer estar agitada ou confusa, tente simplesmente observar esse estado tal como ele é e aceitá-lo. Você também pode retratar toda a experiência mental-física com a anotação mental: *caos, caos*. Em vez de ter uma agenda para mudar a qualidade da sua energia, você adotará o uso dessa simples chave para simplesmente se abrir para a energia presente. Isso não significa que nos afastamos de nossos pensamentos agitados nem que nos envolvemos com eles. Pelo contrário, pela aceitação, nos instalamos na consciência natural de qualquer coisa que esteja presente.

A tranqüilização da mente não é algo difícil de ser conseguido; trata-se, em larga escala, apenas de levá-la a cabo. "Está tudo bem; agora quero apenas sentir isso." Em seguida, as coisas se ajeitam sozinhas de um modo natural. A luta e as disputas surgem do fato de não aceitarmos o que está presente.

Na linguagem da meditação, freqüentemente falamos em liberar as coisas ou em nos livrar delas: os pensamentos, as emoções, a dor. Às vezes, esta não é a frase exata, porque liberar as coisas sugere que exista a necessidade de se fazer algo. Uma frase melhor seria "deixar estar". Deixe estar. Tudo vem e se vai por conta própria. Não precisamos fazer nada para que as coisas ocorram, nem para que elas se vão outra vez. A única coisa que precisamos fazer é deixar estar.

Para deixar tudo estar, precisamos compreender uma lição difícil mas essencial para a prática da meditação, e também para todos os aspectos da nossa vida. Vivenciar sentimentos agradáveis e evitar os desagradáveis não é a finalidade da nossa prática. A finalidade da prática atenta é a liberdade. Quando purificamos nossa mente das emoções aflitivas da cobiça, do ódio e da ilusão, chegamos ao final do sofrimento. Portanto, a coisa mais importante na meditação não é a experiência de sentimentos agradáveis ou desagradáveis, mas sim como nos *relacionamos* com esses sentimentos. Se nos relacionarmos de modo atento – ou seja, simplesmente observando as coisas, simplesmente percebendo-as – então, nesse momento de atenção, estaremos purificando o nosso coração, porque nesse momento estamos livres do desejo quanto ao que é agradável, da aversão pelo desagradável e da ilusão quanto o que realmente está presente.

A jornada de meditação nem sempre supõe a presença de sensações agradáveis. Muitas vezes podemos ter péssimas sensações. Tudo bem; não há problema. O que queremos é nos abrir para toda a esfera do que esta mente e este corpo realmente são. Por vezes, nos sentimos extremamente bem e inspirados; e em outras ocasiões sentimos aspectos do sofrimento profundamente diferentes.

É preciso ter coragem e determinação para se mostrar disposto a reconhecer e a enxergar todas essas partes de nós mesmos. Existem alguns recantos sombrios do coração que talvez não quiséssemos examinar ou explorar antes. Eles certamente virão à tona. Às vezes, o próprio acúmulo da energia que ocorre durante a prática pode ser sentida como uma extensão desagradável. Essas experiências dos aspectos insatisfatórios da nossa vida fazem parte do âmago da meditação; a liberdade não pode ocorrer sem elas. A prática é a abertura, é o alargamento e, o mais importante, é a libertação.

Essa lição da compreensão correta é uma transição muito difícil de ser feita. Será que você é capaz de assimilar profunda e imediatamente esse conhecimento crucial, qual seja, o de que a prática realmente não diz respeito a sentimentos agradáveis? Será que você pode começar a desfazer o forte condicionamento que existe na sua mente e que lhe diz que apenas os sentimentos agradáveis são aceitáveis? O que ocorre na meditação é algo inteiramente diferente desse antigo condicionamento que nos mantêm atados ao sofrimento. Com a meditação, ao mesmo tempo nos abrimos para o que é agradável e para o que é desagradável com uma aceitação genuína e com equilíbrio.

Há vários anos, aluguei uma pequena casa para os meses de verão numa das regiões montanhosas da Índia. Era uma casa em meio às montanhas, extremamente bonita e muito tranqüila. Eu tinha planos de passar quatro meses ali, dedicando-me à prática da meditação.

Algumas semanas depois de chegar lá, as Delhi Girls, uma espécie de grupo de escoteiras, montou um acampamento numa clareira logo abaixo da casa. Elas instalaram alto-falantes que transmitiam músicas da moda das seis da manhã até dez ou onze da noite. Eu não conseguia acreditar no que estava acontecendo. Cheguei a considerar a possibilidade de fazer uma queixa ao prefeito e, mentalmente, cheguei a lhe escrever muitas cartas extremamente irritadas; no entanto, o barulho infernal parecia estar incomodando apenas a mim e a mais ninguém.

Foi um grande desafio à minha serenidade. Depois de passar por todas as dificuldades, por toda a raiva, por todos os ressentimentos, num determinado momento minha mente se rendeu. Não havia coisa alguma que eu pudesse fazer para mudar aquela situação. Com minha rendição, tudo ficou bem. Havia os sons, o barulho. Estava bem. Finalmente, eu simplesmente deixei estar.

NÃO VER DUKKAHA É DUKKAHA

Para nos relacionarmos bem com uma experiência desagradável precisamos, em primeiro lugar, saber que ela existe. Não ver o sofrimento nos deixa presos ao sofrimento. Vê-lo com clareza e exatidão nos permite a abertura para a forma do sofrimento presente; essa abertura e a aceitação, por sua vez, permitem que o desconforto seja eliminado da nossa consciência e se afaste de nós.

Suponha que o seu corpo esteja carregando uma grande dose de desconforto ou de tensão, mas que você não tenha consciência disso; você carrega tudo isso consigo sem saber. No momento em que esse desconforto físico se torna predominante, você passa a lhe dar atenção. Se você puder se abrir para o desconforto com aceitação, o que ocorre em seguida é uma sensação de relaxamento. O poder combinado da visão clara e da aceitação provoca o relaxamento, o alívio.

A sensação dolorosa pode persistir, mas agora o seu relacionamento é bastante diferente. Você se relaciona com o desagradável a partir de uma condição de paz, e não a partir da ilusão ou da cegueira. A mesma dinâmica pode acontecer também com sensações físicas dolorosas e com emoções repletas de dor.

Há algum tempo, determinada situação me causou um grande embaraço. Apesar de saber que estava passando por uma situação muito desagradável, eu não sabia exatamente o que estava sentindo e, enquanto não fui capaz de identificá-lo, houve muito sofrimento.

De todas as formas possíveis, eu estava tentando escapar da situação que me causava essas dores. Depois de ter passado um bom tempo sofrendo assim, eu finalmente me perguntei: "O que está realmente acontecendo aqui?" Depois, sentei-me num lugar confortável, examinei atentamente minha mente e percebi: "Ah, é essa sensação de embaraço." A partir desse momento de visão clara e de disposição para conviver com a situação, todo o dukkha sumiu. *Dukkha*, como já sabemos, é uma palavra do idioma páli que significa insatisfação ou sofrimento. Reconheci que o embaraço era um sentimento desagradável que aflorava na época a partir de determinadas condições e que não havia problema algum em simplesmente senti-lo. Depois ele desapareceu. Isso foi muito mais fácil do que tentar reorganizar toda a minha vida para tentar evitar esse sentimento.

Existe também outro aspecto no qual não ver dukkha é dukkha. "A ignorância é uma bênção" pode ser um dos adágios mais populares de toda a história. A sabedoria popular nos diz que, se não soubermos que a nossa situação é desagradável ou nociva, pouco importando quanto ela realmente o seja, nossa ignorância, de alguma forma, sempre acaba desculpando-a. No entanto, a verdade é exatamente o oposto.

É melhor fazer algo de modo canhestro tendo consciência disso do que fazê-lo sem esse conhecimento. Da perspectiva budista, para a qual o conhecimento é a semente da sabedoria, sempre há uma possibilidade de se passar a compreender e, a partir de determinado momento, de evitar tais ações. Conseqüentemente, o conhecimento *mitiga* o que existe de canhestro na ação. Se, por outro lado, não soubermos que a ação é canhestra, o estado mental da ilusão ou da ignorância *aumenta* essas características. O poder desse tipo de ignorância é uma grande força para o sofrimento no mundo, como podemos constatar na primeira página de qualquer jornal.

Quando não temos conhecimento dos danos causados pelas nossas ações, quando não podemos estabelecer distinções entre o hábil e o canhestro, isso faz com que continuemos sendo escravos inconscientes de hábitos e desejos. Sem a sabedoria dessa distinção não temos oportunidade de fazer escolhas sábias. Portanto, ter consciência do dukkha nas ações canhestras é um estado mais livre do que simplesmente ficar mergulhados nelas e identificados com elas, em total ignorância.

Tudo isso apenas para dizer que, à medida que você for se abrindo para os diferentes tipos de dukkha, você deverá continuar confiante – afinal, você está se abrindo para a compreensão.

COMPREENDER A DOR

Da mesma forma que diminuímos nossa resistência com relação à experiência mental e emocional desagradável, também desenvolvemos o dom libertador de nos relacionar habilidosamente com a dor física. É muito importante aprender sobre a dor física, aprender como

58

aceitá-la, porque a maneira como nos relacionamos com a dor na meditação é sintomática de como nos relacionamos com todas as coisas desagradáveis da vida.

O Buda nos lembrou de uma verdade grande e óbvia quando nos ensinou que o fato de nascer resulta inevitavelmente em crescer, em decair e em morrer. Se temos um corpo, também podemos ter a certeza de que, posteriormente, ele sofrerá dores e doenças, e também podemos ter a certeza de que o nosso corpo acabará morrendo. Uma grande parte da prática da meditação é a aceitação dessa realidade de uma forma muito imediata – não meramente pensado a esse respeito, mas vivenciando isso de modo direto e profundo.

Quando a dor física predomina na sua prática, você pode tentar diferentes estratégias de conscientização. Primeiro, observe a área em que se dá a sensação – por exemplo, o joelho ou as costas. Simplesmente, fique consciente de toda essa região, deixando que a mente relaxe e registre as sensações físicas. Depois, procure observar exatamente a natureza particular das sensações. Será que elas podem ser descritas como "queimação", pressão, pontadas, tensão ou qualquer outra variante de sensações físicas? Observando a qualidade particular do que está sentindo, sua mente acaba ficando mais concentrada.

Depois de ter reconhecido o que realmente está presente, um terceiro passo pode levar você a um nível ainda mais profundo. Volte sua consciência, com muita exatidão, para dentro da área da sensação, identificando o ponto de maior intensidade. Observe o que acontece com esse ponto máximo da sensação. Geralmente, ele irá se modificar de alguma maneira, e outro ponto se tornará o mais intenso. Em seguida, transfira sua atenção para esse ponto e depois para o seguinte – numa atividade semelhante a "seguir os pontos" da intensidade.

Quando ficar cansado mentalmente, atente de novo para a área toda ou até mesmo para a respiração. Geralmente, é melhor oscilar entre a respiração e a dor durante intervalos de vários minutos, porque a mente tem um tendência a enfraquecer, a retroceder, a se cansar quando passamos por longos períodos de sensações intensas e desagradáveis. A não ser que se trabalhe habilidosamente com a dor, isso pode deixar a mente exausta e, então, ocorre uma diminuição da atenção e da energia. A alternância entre a respiração e a dor serve para nos manter mais alertas e cheios de energia.

Essa alternância também ajuda a desenvolver energia de outra forma. Quando a dor é forte, a mente inicialmente se inclina para ela sem muitos exercícios mentais. Ela raramente divaga. Como não temos de fazer muitos esforços para permanecer com a dor, a qualidade mental da energia da nossa mente pode se tornar mais fraca. Mas, se voltarmos de vez em quando à respiração, mesmo quando a dor for predominante, então se desenvolve uma forte intenção em termos de esforço. A volta periódica à respiração produz quantidades cada vez maiores de energia. E depois, quando voltamos a observar a dor, nós a sentimos num nível muito diferente.

Esse aumento crucial de energia e de impulso serve para aprofundar a nossa prática. Ele funciona como um acelerador de partículas na física nuclear: as partículas se movimentam cada vez mais depressa, até serem capazes de liberar átomos. Na prática da meditação, aumentamos a energia da consciência até que ela fique suficientemente forte para enxergar níveis completamente diferentes da realidade.

Esse impulso crescente vem da continuidade da conscientização e do esforço periódico de se voltar ao objeto primário da nossa meditação. *Forçar* a atenção da dor para a respiração, obviamente, é prejudicial. Mas se conduzirmos a mente de volta de um modo suave, conservamos e aumentamos a energia até podermos abordar o poder que existe no nosso interior para alcançar níveis mais profundos de compreensão.

À medida que aceitamos a dor física na meditação, também descobrimos muito sobre o nosso condicionamento com relação a ela. Percebemos a nossa aversão e o nosso medo; observamos como a mente condena a dor e se fecha para ela. Todos nos relacionamos com a dor de muitas maneiras que não nos ajudam e que não promovem a paz no coração; e, à medida que continuamos a prática da "atenção consciente", é maravilhoso ver uma transformação que tem início.

Quando comecei a meditar sentado, a dor nos meus joelhos era muito forte, não permitindo que eu ficasse de pernas cruzadas por períodos superiores a dez minutos. O desconforto me forçava a mudar constantemente de posição. Depois pensei: "Talvez seja melhor simplesmente sentar numa cadeira." Mas como sou bastante alto, uma cadeira comum não era suficientemente alta, de maneira que a coloquei sobre alguns tijolos. Depois, percebi que os mosquitos me importunavam, de modo que acabei instalando um mosquiteiro sobre a cadeira. Eu acabei construindo um verdadeiro trono de meditação para poder me sentir bem! De vez em quando, Munindra-ji, meu mestre de meditação, me visitava e eu realmente me sentia muito embaraçado.

Se bem que inicialmente eu não tivesse muita tolerância para a dor, aos poucos minha mente foi se tornando mais forte e menos medrosa. Aprendi a relaxar com a dor, em vez de ficar tenso e contraído cada vez que ela aparecia.

O valor da alteração no relacionamento que temos com a dor obviamente vai muito além de como e de onde ficamos sentados. Os momentos de desconforto nos ensinam como praticar a liberdade em todas as situações da vida que nos incomodam. Como estamos nos relacionando nesse exato momento com o desconforto, com a dor, com o fato de não estarmos conseguindo o que queremos? Eu acho interessante ver constantemente como, nessas sensações que consideramos intoleráveis, muitas vezes é a nossa própria resistência que as *torna* intoleráveis. O problema não está nas situações, mas sim na nossa incapacidade de simplesmente ficar com elas, de simplesmente nos abrir para elas.

Mas também precisamos reconhecer nossos limites em determinadas situações. Às vezes, as experiências são fortes demais, não permitindo uma abertura imediata para elas. Podemos achar que precisamos nos afastar por algum tempo, ou de abordá-las de modo gradativo. Aprender esse equilíbrio é a chave principal para grande parte da nossa prática. Com que dose podemos lidar de um modo tranqüilo e gentil antes de nos fecharmos, antes de declararmos "Isso é demais"? A ampliação dos nossos limites nos torna mais fortes.

Através desta simples prática, desenvolvemos um poder mental, uma grande capacidade de lidar com situações dolorosas. E essa força transforma a maneira como vivemos nossas vidas.

SENTIR-SE BEM, SENTIR-SE MAL: PROGRESSO NA MEDITAÇÃO

Nossa firme resolução em evitar as dores e em nos agarrarmos aos prazeres aparece na prática de outro modo importante. Freqüentemente, compreendemos a meditação de maneira errada, acreditando que, se estamos nos sentindo bem, isso é sinal de que estamos fazendo as coisas direito, e se sentimos dor, é sinal que estamos fracassando como iogues. Se tivermos uma sessão dolorosa, a meditação não está indo "bem", mas se as sensações forem agradáveis, leves, suaves, estáveis, então somos meditadores bem-sucedidos. Todos nós achamos muito difícil abandonar esses condicionamentos. A fonte do nosso erro é simples mas persistente: nós gostamos de nos sentir bem e não gostamos de sentir dor.

Nosso progresso na meditação não depende da medida de prazer ou de dor registrada na nossa experiência. A qualidade da nossa prática tem, isto sim, muito que ver com a nossa medida de abertura em relação ao que existe. À medida que o caminho para a introvisão se desenrola, passamos por determinados estágios da prática em que as sensações dolorosas predominam. É exatamente isso que caracteriza esses estágios. Noutros, predominam sensações agradáveis, de êxtase, muito leves ou muito serenas. Essas experiências surgem simplesmente por estarmos nesses locais particulares da prática.

O caminho libertador passa por muitos desses ciclos, e os aspectos agradáveis ou desagradáveis de cada experiência particular não servem para determinar quão avançado é cada um desses estágios. Podemos estar num estágio posterior de dor, no qual a prática é mais profunda do que foi num estágio anterior de tranqüilidade.

Portanto, as sensações agradáveis ou dolorosas não indicam o quanto propícia está sendo a nossa prática. As metas que buscamos por meio da prática são a sabedoria e a compaixão, e não alguma agradável e persistente comichão. E para muitos de nós são necessários muitos anos para aprender esse fato básico!

Vou contar uma historinha triste sobre meditação. Durante a época em que eu estava realizando uma prática intensa por alguns meses na Índia, meu corpo todo se dissolvia em radiantes vibrações de luz. Todas as vezes que me sentava, assim que fechava os olhos, esse campo energético de luz envolvia e invadia todo o meu corpo. Isso era maravilhoso e eu me sentia extremamente bem, pensando: "Finalmente, consegui!"

Depois desses meses passados na Índia, voltei por algum tempo para os Estados Unidos. Mais tarde, retornando à Índia, eu obviamente esperava que meu corpo de luz se manifestasse de novo. Voltei a realizar sessões intensas, mas as vibrações radiantes tinham desaparecido. Não só deixara de existir um corpo de luz, como também o meu corpo transmitia a sensação de ser um amontoado de aço amassado e retorcido. Durante a sessão, enquanto eu tentava voltar minha atenção para este bloco compacto e retorcido, havia grande pressão e tensão e sensações desagradáveis.

Os dois anos seguintes foram o período mais frustrante e difícil da minha prática. Por quê? Porque eu não estava realmente atento. Eu achava que entendia a dor e as coisas desagradáveis, mas, na verdade, eu não as estava aceitando, não estava me abrindo completamente para as coisas como elas eram. Na verdade, eu estava praticando com a finalidade de recuperar alguma coisa – aquele corpo de luz agradável e vibrante. Foram necessários dois longos anos para que eu finalmente compreendesse que a idéia básica da minha prática não era a de recuperar coisa alguma, por mais maravilhosa que ela pudesse ser.

O que vivenciamos no passado passou. É algo morto, um cadáver. Não precisamos arrastar esse cadáver conosco. Praticamos para nos abrir ao que está presente, pouco importando o que isso possa significar. É algo que nos proporciona uma comichão. É luz. É ferro retorcido. Não importa. Quando finalmente compreendi essa verdade depois de dois anos de dolorosos esforços, minha prática voltou a se desenvolver outra vez. Mas você não precisa passar dois anos para compreender isso. Preste atenção e verifique sempre se não está se apegando a alguma experiência passada que você gostaria de recriar. Simplesmente, seja aberto, seja dócil, esteja atento em relação ao que aparecer. Esse é o caminho da liberdade.

ESPONTANEIDADE E PRÁTICA

As pessoas às vezes evitam a prática do Dharma por temerem que isso possa acabar com sua paixão e a espontaneidade. Elas se perguntam se a "vigilância atenta" e a espontaneidade são compatíveis, ou se uma exclui a outra. Essa questão é bastante interessante porque indica um conceito convencional de espontaneidade que, acredito, nada tem que ver com a verdadeira espontaneidade.

Freqüentemente, achamos que uma atitude irrefletida e impulsiva é espontânea, e acreditamos que isso seja algo puro. Mas será mesmo? Isso pode simplesmente equivaler a estarmos agindo como escravos do condicionamento. Será que existe algum coração grande, nobre, espontâneo e puro criando essas ações? Ocasionalmente, até pode ser que exista. Mas também pode tratar-se apenas de manifestações do desejo, da cobiça, da raiva, do medo e da confusão, levando-nos a agir sem reflexão. Chamamos esses comportamentos de espontâneos. Quantas vezes você já se surpreendeu em meio à realização de alguma coisa antes mesmo de perceber que a havia começado? Isto não é espontaneidade. É um comportamento mecânico, como o sonambulismo.

Uma espontaneidade muito mais verdadeira se revela de forma impressionante na prática. É a espontaneidade intrínseca de todos os fenômenos, do Dharma, do processo todo da vida. Quando estabelecemos certo impulso de energia, de atenção e de concentração, começamos a vivenciar o fluxo suave e rápido de todas as aparições que surgem e passam por conta própria.

Estamos sentados em meditação e ocorre-nos um pensamento.

Fomos nós que atraímos esse pensamento? Provavelmente, não. Às vezes, o fazemos, mas na maior parte das vezes o pensamento simplesmente nos ocorre sem ter sido convidado. Sensações são sentidas, sons são ouvidos. Quanto mais nos estabelecemos nesse processo de quem somos, nesse processo da mente e do corpo, tanto maior passa a ser a nossa apreciação a respeito do mistério disto tudo.

Há uma graça impressionante nesse verdadeiro ritmo da vida. Encontramos aqui uma incrível canção dos elementos que cantam por si mesmos. Este é um sentido muito mais profundo da espontaneidade, a essência do que somos. É algo muito diferente do comportamento mecânico e condicionado.

Portanto, nesse sentido, a "vigilância atenta" realmente passa a ser a chave da espontaneidade. A "vigilância atenta" é o veículo através do qual podemos aceitar o surgimento e o desaparecimento contínuo e espontâneo de todos os fenômenos.

O RETORNO

Sentir a graça da verdadeira espontaneidade é algo que está intimamente ligado a outra sensação que você deve observar na sua prática. Essa experiência ocorre quando a nossa mente transfere a ênfase da consciência acerca do *conteúdo* da experiência para a consciência acerca do *processo* da experiência.

Os conteúdos da nossa mente são todos bastante individuais, condicionados pelos acontecimentos particulares que formam a experiência de cada pessoa. Os pais podem pensar freqüentemente nos seus filhos, os estudantes nos próximos exames, os artistas em suas visões criativas.

Há alguns anos me envolvi no projeto e na construção de uma casa. Em cada estágio do processo da construção, enquanto percorria a região, eu sempre percebia nas outras casas exatamente a parte que estávamos construindo no meu projeto. Numa semana, eu via apenas as linhas dos telhados, depois os tipos de revestimento externo; em outras semanas, eu me surpreendia olhando apenas para portas ou janelas. Durante a maior parte da nossa vida passamos muito presos a esses conteúdos e preocupações da nossa mente; os pensamentos e as emoções particulares que afloram, os impulsos e as histórias particulares que temos de nós mesmos ou de outras pessoas, os detalhes da nossa situação.

Depois, uma mudança gradativa ocorre naturalmente no decorrer da prática da meditação. À medida que observamos cada uma dessas manifestações momento após momento, à proporção que observamos cuidadosamente como elas ocorrem, começamos a perceber o que acontece com um pensamento, uma sensação ou uma emoção. Lentamente, nossa mente começa a fazer uma transferência para uma conscientização do próprio processo de mudança. Dessa nova perspectiva, o que muda especificamente torna-se muito menos importante, porque estamos vendo, sentindo, vivenciando profundamente, na parte interior, o caráter momentâneo de *todos* os fenômenos. Essa é a sensação de volta ao lar: abandonar o conceito no nível do conteúdo, substituindo-o por um nível muito mais fundamental de ser.

Essa sensação de volta ao lar traz consigo uma sensação associada de relacionamento mútuo, porque, assim como o conteúdo em modificação é individualmente condicionado, o processo da mudança é universal. Quando mergulhamos no fluxo dos fenômenos que surgem e passam, sabemos a experiência de todos os seres. Compartilhar do universal cria uma sensação de unidade, de mútuo relacionamento. Quando compreendemos o processo em nós mesmos, compreendemos o processo em todos.

ENERGIA

À medida que vamos aprofundando a concentração por meio da meditação contínua, toda a natureza da nossa experiência se modifica; passamos a ver a realidade de maneiras diferentes. Para mim, uma das descobertas mais espantosas na prática da meditação foi a experiência contínua desta mente-corpo como um sistema de energia.

No início da nossa prática, temos uma forte sensação do corpo como sendo uma coisa sólida, tanto quando estamos sentados em meditação como quando estamos nos dedicando às tarefas normais do quotidiano. Mas, à medida que a prática continua e a concentração nos fornece uma percepção mais penetrante, nossa experiência dessa solidez naturalmente se torna mais tênue e desaparece. Passamos então a sentir e a conhecer o corpo como um campo de energia, um fluxo contínuo de sensações.

Uma maneira de compreender esse fluxo de energia é vendo que o vivenciamos de forma diferente ao concentrar nossa atenção nos diferentes centros do corpo. Se voltarmos nossa atenção para o centro do coração, sentiremos as sensações de uma forma. Se a voltarmos para o centro do sexo, vivenciaremos diferentes tipos de sentimentos. Também podemos voltar a atenção para a garganta, a testa, o alto da cabeça ou para onde quisermos. Fiquei bastante surpreso quando percebi que tudo isso é o mesmo fluxo de energia, simplesmente sentido como diferentes "sabores" de energia em diferentes pontos do corpo.

Além de sentir o sistema de energia que chamamos de mente-corpo em diferentes centros, também podemos ter a sensação da energia em diferentes freqüências de vibração. À medida que praticamos e a concentração se torna mais intensa, a freqüência do fluxo de sensações torna-se mais sutil. É como se estivéssemos elevando a freqüência do oscilador mente-corpo até que o fluxo de sensações se torne muito suave e refinado. Às vezes as sensações se tornam tão refinadas que desaparecem, e ficamos conscientes apenas do fluxo da consciência.

À medida que você vai-se aprofundando na sua prática, você depara com um interessante corolário da experiência da freqüência das vibrações, a qual não é imediatamente visível. Trata-se de uma das sutilezas do caminho. No início da prática, geralmente temos grande consciência das sensações agradáveis e desagradáveis no corpo. A energia sexual é uma forma óbvia de sensação agradável e reconhecível. Existem muitos outros tipos de sensações excitantes e agradáveis. Mas, à medida que a prática progride e à medida que a freqüência das sensações fica mais elevada e mais refinada, encontramos cada vez mais sensações neutras em vez de sensações agradáveis.

Estranhamente, descobrimos que essas sensações neutras são na verdade mais agradáveis do que as sensações de felicidade ou de prazer. Essa constatação é uma surpresa, porque tendemos a considerar as sensações neutras como desinteressantes. Na verdade, elas são mais sutis, mais refinadas e, à medida que nossa consciência fica mais sutil, conseguimos uma ressonância maior com elas.

Essa progressão na apreciação, primeiro, das energias mais excitantes e, depois, das mais neutras é a mesma experiência que temos no cultivo das Quatro Permanências Divinas na meditação: os estados mentais da bondade amorosa, da compaixão, da alegria simpática e da equanimidade. Quando praticamos as três primeiras permanências, desenvolvemos sensações felizes e maravilhosas – muitas vezes sensações extraordinárias de felicidade e de êxtase. Mas a equanimidade penetrante desenvolve sensações neutras e vivenciamos esse estado como sendo um local ainda mais profundo de bem-estar.

INTROVISÃO

As revelações da meditação de introvisão são intuitivas, não conceituais. Nesse sentido, *intuitivo* não significa um tipo de sensação vaga a respeito de alguma coisa; pelo contrário, significa ver de forma clara e direta, sentindo como as coisas realmente são.

Por exemplo, você está sentado em meditação, observando a respiração. De repente, sua mente se instala num espaço diferente. Mesmo se isso acontecer apenas durante alguns poucos momentos, você sente um tipo mais profundo de calma e de paz. Em vez de se esforçar para ficar com a respiração, você apenas fica com a respiração de um modo muito calmo e sem esforço.

Trata-se de uma revelação por meio da experiência direta na natureza da calma e da tranqüilidade. Você não pensa na calma e na tranqüilidade e nem reflete sobre elas. Você sabe que os narcisos são flores amarelas porque já os viu. Você conhece a natureza da calma e da tranqüilidade porque as vivenciou no seu coração.

Há muitas experiências assim, e muitos níveis diferentes em cada uma delas; e cada vez que as conhecemos diretamente é como se nos abríssemos para uma nova forma de ver, de ser. Isto é a introvisão.

No entanto, muitas vezes nossa mente fica tão excitada com cada nova experiência que começamos a pensar: "Veja só isso! Estou tão calmo. É maravilhoso!" Ou então começamos a refletir longamente sobre a impermanência ou o sofrimento, ou sobre qualquer coisa que tenha sido essa experiência particular de introvisão.

Precisamos tomar muito cuidado. Se deixarmos de observar essas reflexões e nos envolvermos com elas – e as reflexões do Dharma podem se tornar extremamente interessantes e envolventes – elas mesmas podem se transformar em obstáculos impedindo o aprofundamento da introvisão. Às vezes, as pessoas ficam obcecadas com pensamentos de Dharma, com reflexões sobre as revelações genuínas que tiveram.

Portanto, tente diferenciar claramente entre a verdadeira revelação intuitiva e os pensamentos a respeito dela. Conhecer essa diferença pode nos poupar problemas e atrasos. Você não precisa se preocupar em encontrar palavras mais tarde para comunicar suas introvisões. Nossa mente raramente tem problemas na busca de palavras. Simplesmente manter-se atento quanto a cada nova aparição permite que toda a jornada do Dharma se desenvolva.

TRÊS

LIBERTAÇÃO DA MENTE

TRÊS

LIBERTAÇÃO DA MENTE

OBSTÁCULOS: UM PANO SUJO

A grande maioria das pessoas, possivelmente todas, já se sentiu oprimida ou derrotada por uma ou mais das forças nocivas da nossa mente. O relacionamento bem-sucedido com esses obstáculos e a sensação de poder decorrente desse sucesso é uma parte extremamente importante da nossa prática. Em seguida, daremos algumas sugestões para ensinar como lidar com os fatores mentais nocivos de uma forma equilibrada.

A primeira coisa da qual você deve se lembrar em momentos de dificuldade é o fato de que você já conseguiu acumular grandes poderes de pureza e de libertação na sua mente. Pode ser difícil lembrar essa verdade ou acreditar nela em meio a alguma tempestade mental de medo, raiva, ansiedade ou algum outro estado nocivo. Mas *isso é verdade*; caso contrário, você nem estaria aqui como ser humano. Esse seu precioso nascimento humano é o resultado de suas ações positivas realizadas no passado.

E o fato de termos sido atraídos para a prática, para o caminho do despertar, indica a existência de forças ainda mais intensas de pureza no nosso interior. Sua Santidade Dilgo Khyentse Rinpoche, um dos grandes mestres tibetanos deste século, escreveu: "Pergunte a si mesmo quantos dos bilhões de habitantes deste planeta têm idéia de como é raro o fato de terem nascido como seres humanos. E quantos dos que compreendem a raridade do nascimento humano chegam a pensar na possibilidade de usar essa chance para a prática do Dharma? E quantos dos que começam continuam?" Se refletirmos desse modo sobre o nosso próprio interesse pelo Dharma estaremos gerando sensações de felicidade e de confiança.

Outra coisa que deve ser lembrada enquanto você aprofunda a exploração sistemática da sua mente na prática é o fato de que, apesar de as qualidades nocivas da consciência *aparentemente* estarem se tornando mais prejudiciais, isto não é verdade; você apenas está se tornando mais consciente delas. À medida que a prática for se aprofundando, você poderá se sentir repleto de diferentes obstáculos mentais que poderão surgir. Percebemos inquietação, preguiça, raiva, dúvida, cobiça, vaidade, inveja e tudo o mais e, por vezes, temos a impressão de que nossa mente contém apenas essas emoções aflitivas.

Uma analogia budista tradicional descreve esse fenômeno. Se você tiver um pano sujo, nenhum ponto determinado dele se destaca. Mas, à medida que o pano vai ficando cada vez mais limpo, cada uma de suas manchas vai ficando mais evidente. Do mesmo modo, à medida que a nossa mente fica mais clara e mais lúcida na prática da meditação, os obstáculos aparecem de forma cada vez mais perceptível.

Portanto, mantenha uma perspectiva equilibrada enquanto trabalha com pensamentos e emoções na sua mente e no seu coração. É importante perceber os obstáculos quando eles forem aflorando e também compreender que a capacidade de vê-los decorre justamente da pureza cada vez maior da nossa consciência.

A ATITUDE COM RESPEITO AOS PENSAMENTOS

Meditar não é pensar sobre coisas.

O pensamento, ou seja, o nível discursivo, está presente em todos os momentos da nossa vida; de forma consciente ou não, passamos grande parte ou até a maior parte da vida nesse nível. Mas a meditação é um processo diferente, que não envolve pensamentos ou reflexões discursivas. Como a meditação não é pensamento, através do processo contínuo de observação silenciosa novos tipos de compreensão e de entendimento vêm à tona.

Para a finalidade da meditação, nada é tão importante para merecer tornar-se objeto dos pensamentos: nem nossa infância, nem nossos relacionamentos, nem mesmo aquele grande romance que sempre quisemos escrever. Isso não significa que esses pensamentos deixarão de nos ocorrer. Na verdade, eles poderão surgir com muita freqüência. Não precisamos lutar com eles, nos esforçar para não tê-los nem julgá-los de alguma forma. Pelo contrário, podemos simplesmente optar por não prosseguir com esses pensamentos depois de nos conscientizarmos deles. E, quanto mais rapidamente percebermos que estamos pensando, mais rapidamente poderemos reconhecer o vazio da sua natureza.

Nossos pensamentos freqüentemente são sedutores e a meditação pode acabar rapidamente se ficarmos apenas sentados, sonhando acordados; antes mesmo de percebermos o que aconteceu, a hora passou. Pode ter sido uma sessão bastante agradável, mas não foi uma meditação. Precisamos ter consciência dessa possibilidade na prática e lembrar que o tipo de sabedoria que queremos desenvolver advém do modo intuitivo e espontâneo da consciência silenciosa.

Apesar de a meditação não ser o pensamento, ela pode ser uma *clara consciência do pensamento*. O pensamento pode ser um objeto muito útil de meditação. Podemos concentrar o grande poder da observação sobre si mesmo para aprender mais coisas acerca de sua natureza inerente, conscientizando-nos do seu processo, em vez de nos perdermos no seu conteúdo.

Nos ensinamentos do Dharma, freqüentemente nos referimos ao forte impacto da identificação com os fenômenos. A identificação nos aprisiona no conteúdo do nosso condicionamento. Uma das formas mais fáceis de se compreender esse aprisionamento é observar a diferença entre estar perdido em pensamentos e estar atento a eles.

Quando nos perdemos em pensamentos, a identificação é forte. Os pensamentos varrem nossa mente e a levam consigo; depois de pouco tempo, podemos constatar que fomos levados a lugares muito distantes. Embarcamos num trem de associações, sem saber que fizemos isso e, certamente, sem saber para onde ele nos conduzirá. Em algum ponto ao longo do percurso, poderemos despertar e perceber que estávamos pensando, que embarcamos numa viagem. E quando descemos desse trem, isso poderá acontecer numa situação mental muito diferente da que existia no início da jornada. Quando não sabemos o que estamos pensando, nossos pensamentos nos transportam para muitos mundos diferentes.

O que são os pensamentos? O que é esse fenômeno que tão poderosamente condiciona a nossa vida quando não nos conscientizamos dele, mas que se dissolve de forma tão completa assim que lhe damos atenção? Qual é a atitude correta que devemos adotar diante desse desenrolar interminável de pensamentos que passam e desfilam pela nossa mente?

Reserve agora alguns momentos para perceber como os pensamentos lhe ocorrem. Como exercício, você pode fechar os olhos e imaginar que está sentado num cinema olhando para uma tela vazia. Simplesmente, aguarde os pensamentos que irão aflorar. Como você não está fazendo nada além de esperar que os pensamentos apareçam, você poderá se conscientizar deles muito depressa. Exatamente, o que são? O que acontece com eles? Os pensamentos são como exibições mágicas que parecem ser reais quando nos perdemos neles, mas que desaparecem quando os observamos mais atentamente.

Mas o que dizer dos pensamentos intensos que nos afetam? Na meditação, estamos observando, observando, observando, e depois, de repente, tudo se vai, e nos perdemos num deles. O que é tudo isso? O que são os estados mentais ou os tipos particulares de pensamentos que nos envolvem constantemente, a ponto de esquecermos que eles são apenas fenômenos vazios que passam?

O Buda disse que somos moldados, criados e conduzidos pelos nossos pensamentos. Se ele estava certo, então é muito importante observar atentamente o nosso processo de pensamentos para ver onde somos "fisgados", onde somos seduzidos pela identificação para criarmos algo capaz de nos trazer infelicidade. É impressionante observar quanto poder damos inconscientemente aos pensamentos que nos ocorrem sem serem convidados: "Faça isso, diga aquilo, lembre-se, faça planos, julgue as coisas." Eles podem nos levar à loucura – o que muitas vezes fazem!

Os tipos de pensamentos que temos e o impacto que eles causam sobre o nosso destino dependem da nossa compreensão das coisas.

76

Se podemos, de modo claro e eficaz, apenas ver os pensamentos se manifestando e passando, então as espécies de pensamentos que ocorrem na nossa mente não têm importância; todos são basicamente vazios de qualquer substância e podemos vê-los como o espetáculo passageiro e efêmero que realmente são. Esses fenômenos tão marcantes que nos impulsionam e nos agitam se transformam em meros pequenos lampejos de energia na nossa mente, cujo poder não consegue sequer provocar as ondas mais minúsculas. Eles se parecem com transparentes gotículas de orvalho evaporando à luz do sol.

Mas muitas vezes não ficamos meramente observando o vaivém dos pensamentos, por estarmos mergulhados nele ou por termos optado por pensar sobre alguma coisa, talvez como um estágio anterior a uma ação. Nos dois casos, é fundamental discernirmos entre pensamentos positivos e negativos para saber a quais deles transmitiremos a nossa energia, porque esses pensamentos têm um impacto kármico; eles nos orientam. Dos pensamentos advêm as ações. Das ações advêm todos os tipos de conseqüências. A que pensamentos devemos nos entregar? Nossa grande tarefa consiste em vê-los claramente, para podermos escolher quais deles nos levarão a ações e quais simplesmente deixaremos passar.

É preciso estar bem alerta para nos mantermos conscientes dos pensamentos. Eles sempre são extremamente escorregadios. Se você os observa num lugar, eles se introduzem em outros. Mas com o desenvolver da prática, duas coisas libertadoras ocorrem. Em primeiro lugar, nossa mente realmente fica mais tranqüila. Em vez de formarem uma torrente impetuosa, os pensamentos aparecem com menos freqüência e nós gozamos uma sensação cada vez maior de calma e de paz interior. Em segundo lugar, nossa capacidade de observação é despertada mais rapidamente e com mais eficácia. Somos capazes de ver os pensamentos de modo mais claro e somos arrastados por uma menor quantidade de jornadas inconscientes. Sem se identificar com os pensamentos e sem lhes dar força, nossa mente permanece no estado natural da despreocupação, da simplicidade e da paz.

VISÕES E OPINIÕES

Assim que começarmos a observar atentamente nossos pensamentos, perceberemos uma forte propensão a nos identificarmos com uma determinada classe deles, ou seja, com as visões e as opiniões. É muito útil fazer a discriminação entre ter visões e opiniões e se ater a elas. Quando as pessoas começam a reconhecer que uma forte adesão a visões pode criar rupturas, divisões e conflitos, elas por vezes concluem que não devemos ter visões e opiniões de nenhuma espécie. No entanto, isso pode nos levar a uma situação extremamente difícil, uma vez que a eliminação delas é uma tarefa quase impossível.

A tentativa de libertar a mente envolve a necessidade de não nos identificarmos excessivamente com as opiniões que temos. Como fazer isso? Para constatar como você se identifica com as visões, procure atentar cuidadosamente para seus estados de sentimento no decorrer do dia. À medida que vai prosseguindo, você pode pensar a respeito de várias coisas diferentes, quando, de súbito, alguma opinião vem à luz a respeito de uma pessoa ou de uma situação.

Se você se identificar com essa opinião, em vez de simplesmente vê-la tal como ela é, como um pensamento que lhe ocorre, preste atenção numa possível limitação em sua mente acerca dessa opinião, uma sensação de que está certo – essas coisas que nos levam à estreiteza de espírito e a uma sensação de separatividade.

Se prestarmos atenção ao momento em que essa limitação ocorre, em que a sensação de estreiteza começa a ocorrer, então o retraimento se transforma num sinal de que deixamos a posição em que temos uma opinião e passamos para um lugar em que nos atemos a ela. Estamos usando o radar da atenção para registrar momentos de sofrimento, de desconforto, de constrição.

Tal como ocorre com qualquer prática, esse sistema psíquico de avisos antecipados vai se tornando cada vez melhor quanto mais você o utiliza. As coisas podem estar indo muito bem e, de repente, você percebe determinada "derrapada" na tela. Você sente na sua mente e no seu corpo uma sensação de solidificação em torno de alguma coisa qualquer.

Esse momento da sensação da "derrapada" é o momento para parar. Esse instante na consciência é um dom muito precioso: um sinal de que alguma coisa está acontecendo, que você está sendo envolvido.

Se pudermos deixar de lado a adesão com relação às visões e às opiniões, podemos nos tornar mais livres quanto a tê-las. Poderemos considerar com menos paixão uma determinada situação no seu todo. Poderemos ouvir com mais respeito outros pontos de vista que, por sua vez, criam uma situação de maior abertura e comunicação.

Dessa forma, a libertação nem sempre é um dramático espetáculo pirotécnico. Ela pode ser uma libertação gradativa, passo a passo, momento a momento, da nossa mente.

JUÍZO 500

As visões e as opiniões, às quais nos atemos fortemente, acabam se transformando em juízos e em julgamentos, ou seja, em outro padrão predominante de condicionamento que vivenciamos. Nós nos julgamos, julgamos os outros, dificilmente deixamos de julgar uma experiência. Embora esse tipo de pensamentos possa passar sem ser percebido no corre-corre da nossa vida, ele se torna rapidamente óbvio assim que começamos a observar nossa mente em meditação. Por vezes, temos a impressão de que nossa mente pouco mais faz além de emitir juízos e julgamentos.

É provável que você, como todos os demais, sofra com a reincidência constante de julgamentos. Nesse caso, é possível que você ache útil lembrar que nossa ênfase na prática do Dharma diz menos respeito a mudar o padrão do que a mudar o relacionamento que temos com ele. Há três técnicas para mudar de atitude com relação à mente que faz julgamentos. Algumas delas foram desenvolvidas por mim mesmo; não acredito que você possa encontrá-las nos textos budistas. Eu as encontrei quando tive de enfrentar uma "série de julgamentos" na minha prática.

Tive a experiência muito clara desse tipo incômodo de JUÍZO certa vez durante uma prática intensa de meditação num retiro. Eu estava sentado num ponto da sala de jantar do nosso centro de meditação, de onde podia observar todos os que vinham pegar comida. Apesar de estar atento ao ato de comer, olhando de soslaio, eu via tudo o que acontecia. E fiquei bastante impressionado ao constatar que minha mente tinha um JUÍZO a respeito de cada uma das pessoas que entravam no local.

Eu não gostava do modo como as pessoas andavam (pareciam distraídas) da quantidade de comida que colocavam no prato, de como comiam ou da roupa que estavam trajando. Fiquei bastante desconcertado ao abserver esta grande quantidade de julgamentos em minha mente. Essa situação lhe parece familiar de alguma forma?

Reagi a essa nova conscientização ficando bastante irritado, inicialmente condenando todos esses julgamentos como sendo pensamentos "ruins" e, depois, achando que eu mesmo era ruim por tê-los tido. Depois de certo tempo, ficou claro para mim que julgar o julgamento não estava me ajudando de maneira nenhuma.

O primeiro método eficaz para se lidar com o julgamento é o velho e comprovado método da atenção plena. Fiz um esforço para perceber especificamente como o padrão estava se manifestando, observando a enxurrada de pensamentos de julgamento com toda a atenção. Cultivando a atenção dessa forma, vivenciei uma menor identificação com os pensamentos.

Mas circunstâncias extraordinárias às vezes exigem medidas extraordinárias, de modo que acabei desenvolvendo duas outras maneiras menos ortodoxas para lidar com os julgamentos. Primeiro, comecei a contar os julgamentos à medida que ocorriam. Cada vez que um desses pensamentos me ocorria, eu contava: "Julgamento um, julgamento dois, julgamento três... julgamento quinhentos." Num determinado momento, comecei a rir. Comecei então a ver esses pensamentos "ruins" de uma forma mais leve, não acreditando muito neles e não reagindo contra eles. Um julgamento surge, podemos percebê-lo, sorrimos e o abandonamos. Que lufada de ar fresco para a mente!

A segunda técnica que usei quando esses pensamentos proliferaram foi acrescentar ao final de cada um dos julgamentos a frase "e o céu é azul". "Essa pessoa está pegando comida demais – e o céu é azul." "Eu não gosto de como eles andam – e o céu é azul." "O céu é azul" é um pensamento neutro, que pode ir e vir na nossa mente sem causar nenhuma reação. Acrescentando-o ao final de cada julgamento, consegui certa sensação de como seria deixar que o pensamento passasse pela minha mente tal como ocorre com "o céu é azul".

Portanto, em vez de lutar ou de se debater com julgamentos ou com outros padrões repetitivos de pensamentos, em vez de tentar impedir que venham à tona, podemos aprender a não reagir, a não nos incomodar com eles e até mesmo a sorrir. Tente fazer isso, com um dos seus padrões mais preocupantes. "Ódio por si mesmo número um, ódio por si mesmo número dois... ódio por si mesmo número quinhentos e noventa e cinco... ódio por si mesmo número dez mil." A partir de determinado momento, você começará a sorrir. Pode ter certeza disso!

E esse sorriso irá indicar uma mudança muito importante na forma como você se relaciona com essas coisas. As coisas estão vazias; elas não pertencem a ninguém; elas não estão enraizadas no eu. O que as alimenta é o relacionamento que temos com elas. Não gostamos delas e, justamente por não gostarmos delas é que elas sempre voltam. Num determinado momento, deixamos de não gostar delas. E, a partir daí, o problema deixa de existir.

Eu já observei alguns dos cenários mais assustadores na minha imaginação. Tudo bem, os julgamentos estavam lá, vindo e passando. Se nos relacionarmos com eles, sem reagir e sem nos identificar, seu conteúdo deixa de ter importância. Uma grande liberdade resulta de compreendermos que, da perspectiva da consciência atenta, o conteúdo não tem nenhuma importância.

A VAIDADE E A MENTE QUE COMPARA

Outra valiosa maneira de se lidar com os pensamentos consiste em dar grande atenção à vaidade. Na psicologia budista, a "vaidade" tem um significado especial: é essa atividade da mente que se compara às demais. Quando pensamos em nós mesmos como sendo melhores, iguais ou piores do que os outros, estamos dando expressão à vaidade. Essa mente que compara é chamada de vaidade porque todas as suas formas – independentemente se é do tipo "sou melhor que" ou o "sou pior que", ou ainda do tipo "sou igual a" – tem origem da alucinação de que existe um eu; todas essas formas se referem a um sentimento do eu, ao "eu sou".

Quanto à vaidade, temos boas e más notícias. Na verdade, trata-se da mesma notícia, ou seja, da constatação de que a vaidade só é eliminada no último estágio da iluminação. Mesmo depois de termos compreendido a verdade de que a experiência é basicamente altruísta, de que não existe o "eu", nem um eu ao qual a experiência pertença, o hábito dessa mente que compara persiste. Compreendemos que a vaidade em si não é "eu", mas, mesmo assim, ela continua se manifestando até ficarmos totalmente livres. Portanto, a má notícia é que essa mente que compara provavelmente continuará conosco por muito tempo.

A boa notícia é que não precisamos ficar desencorajados nem cheios de julgamentos sobre nós mesmos sempre que houver vaidade. Como esse padrão continuará presente na nossa mente por algum tempo, podemos procurar ser simpáticos com ele. Quando os pensamentos envolvendo alguma comparação ocorrerem, podemos simplesmente constatar isso – "Ah, está acontecendo outra vez" – sem demonstrar nenhum tipo de surpresa. Começamos a trabalhar com isso num esquema de aceitação.

O antídoto da vaidade está em manter a atenção e se concentrar no aspecto momentâneo dos fenômenos. Quando nossa mente se envolve em comparações, ela está envolvida numa percepção do eu e de outra pessoa. Nós nos emaranhamos nesse arcabouço conceitual e alucinatório do eu e do outro. Fazemos essas comparações quando não percebemos que tudo, incluindo o próprio pensamento do eu e do outro, está incessantemente vindo à luz e passando. O conteúdo desses pensamentos nos prende como numa armadilha porque não conseguimos perceber a impermanência dos próprios pensamentos. A mente que compara desaparece quando conseguimos percebê-la.

Lembro-me de ter deparado com essa mente que compara durante o primeiro retiro, do qual participei com meu mestre, U Pandita Sayadaw, da Birmânia. Foi por ocasião da primeira visita dele aos Estados Unidos, quando ele fez um retiro muito rigoroso e difícil. Todos estávamos um pouco nervosos, não sabendo muito a respeito desse monge vindo da Ásia e querendo nos dedicar o máximo possível. Todos estávamos trabalhando com afinco numa situação muito exigente.

Depois de algumas semanas, vi algumas pessoas fazendo anotações em pequenos cadernos e, a cada dia que passava, outros participantes adotavam um caderno. Essa era uma prática nada comum para um retiro vipassana, porque se solicitava das pessoas que não lessem nem escrevessem durante os períodos de prática intensa. E, como o retiro era feito em completo silêncio, eu não podia perguntar os motivos pelos quais estavam fazendo aquilo.

Comecei a pensar: "U Pandita deve estar solicitando que as pessoas façam alguma coisa. Eu gostaria de saber quando ele irá fazer esse convite a mim." Não demorou para que eu percebesse que as pessoas de caderno em punho eram justamente aquelas que eu considerava como sendo boas na meditação. Todos os dias, eu ia para minha entrevista com U Pandita e ele nada me dizia sobre cadernos ou sobre alguma tarefa incomum de meditação. Comecei a me sentir cada vez pior em relação a mim mesmo e à minha prática; com toda a certeza, eu não estava entre "os bons".

Depois de algum tempo, todos estavam escrevendo em cadernos, até mesmo aqueles que eu não considerava bons meditadores. Foi quando me ocorreu outro pensamento: "Ora, eu devo estar indo tão bem na minha prática, que não preciso de cadernos."

Minha mente passou a oscilar entre essas duas opiniões – um iogue bom, um iogue ruim, que tipo de iogue? – o que aos poucos estava me deixando louco. No final do retiro, fiquei sabendo que U Pandita nunca chegou a pedir que alguém fizesse anotações em cadernos! As pessoas simplesmente estavam fazendo isso como forma de lembrar mais, para serem capazes de relatar com exatidão suas experiências.

Portanto, é de grande ajuda começar a reconhecer essa mente que compara, essa vaidade do tipo "sou melhor do que" ou "sou pior do que" uma outra pessoa. Quando não conseguimos perceber isso claramente, isso se transforma na fonte de muitos sofrimentos, provocando uma sensação de separação com relação aos demais; estamos reforçando a contração do eu.

Quando ficamos atentos a esses pensamentos e sentimentos de comparação, conseguimos lidar com isso de um modo amistoso, sem nos envolver, sem nos identificar com eles. Nesse caso, a vaidade simplesmente se transforma em outros pensamentos vazios e efêmeros que não condenamos e nos quais não acreditamos à medida que passam por nós feito folhas sopradas pelo vento. A mente continua livre.

O CONTROLE DAS EMOÇÕES

O desenvolvimento de uma relação liberada com os pensamentos em todas as suas alterações – tais como opiniões, julgamentos e comparações – é um aspecto vital e desafiador da nossa prática. Outro grande desafio, possivelmente maior ainda, está em aprender a dançar com a nossa vida emocional.

De todas as muitas áreas da nossa experiência, tanto na prática da meditação como no restante de nossas vidas, as emoções freqüentemente são o que existe de mais difícil para compreender e para lidar de uma maneira liberada. Dois fatores contribuem para essa dificuldade. Em primeiro lugar, as emoções, como manifestações da mente, são amorfas; elas não têm limites claros, não têm uma noção definida de princípio e de fim. Elas não são palpáveis como sensações, nem são claramente definidas como os pensamentos. Apesar de as sentirmos intensamente, não somos capazes de estabelecer claras distinções entre elas.

O segundo obstáculo à nossa compreensão das emoções é o fato de estarmos profundamente condicionados a nos identificar com elas. Quando temos uma emoção forte, como o amor ou a raiva, a excitação ou a tristeza, é preciso observar essa forte sensação do ser, do "eu", que geralmente a acompanha. Podemos aprender de modo relativamente fácil a ver a natureza passageira e impessoal das sensações físicas, e até mesmo dos pensamentos, que vão e vêm com muita rapidez. Mas é muito mais difícil reconhecer a natureza impessoal ou não pessoal das emoções. De fato, para muitas pessoas a idéia de emoções impessoais pode parecer uma contradição. As emoções muitas vezes são vistas como sendo o aspecto mais pessoal da nossa existência.

Existe alguma outra maneira de se compreender o rico, variado e complexo terreno do nosso mundo emocional? Há três passos no trabalho com as emoções que podem nos levar a uma nova experiência em relação a elas.

O primeiro passo consiste em se tomar cuidado para reconhecer com exatidão cada emoção à medida que ela for aflorando, e aprender a distinguir entre diferenças muito sutis. Numa certa época da minha prática, passei por um período em que sentia uma profunda tristeza. Ela parecia perdurar durante dias e dias. Eu observava a emoção atentamente, anotando *tristeza, tristeza*, mas alguma coisa na experiência dava a impressão de ter encalhado.

Depois de algum tempo, comecei a examinar esse sentimento de maneira mais cuidadosa, observando-o mais atentamente. Descobri que não era tristeza; era o sentimento de infelicidade. Essas duas emoções parecem ser de natureza muito próxima, mas, na verdade, são bastante diferentes quando observadas com exatidão. Assim que consegui reconhecer o que *realmente* estava acontecendo, a onda do sentimento começou a passar. Enquanto não virmos a emoção tal como ela é, não conseguiremos sua total aceitação, e ficaremos ligeiramente fora de sintonia com o que está acontecendo, e talvez acabemos nos sentindo encalhados.

Há outras ocasiões em que as emoções são tão desagradáveis, tão desconfortáveis, que simplesmente não nos permitimos reconhecê-las. Em vez disso, procuramos caminhos, conscientes ou não, para evitar senti-las. Esse padrão de negação pode ocorrer com sentimentos de medo, de vergonha, de ansiedade, de solidão, de raiva, de tédio, de embaraço e muitos outros. De todas as maneiras possíveis, ficamos tentando mudar a situação em vez de simplesmente manter esse sentimento.

Quantas coisas e quantos tipos de coisas fazemos na nossa vida apenas para evitar a sensação de tédio, de solidão ou de medo? Não se abrir à esfera das emoções, não compreender que elas irão aflorar e passar por conta própria, impele-nos a ações que podem não nos trazer a felicidade, mas nos mantêm em agitação constante. Muitos vícios poderiam ser evitados praticando-se a disposição de simplesmente sentir o que há de desagradável nas emoções dolorosas. Reconhecer e aceitar as emoções à medida que elas surgem, principalmente as mais difíceis, nos permite certa abertura para elas, de modo que possamos sentir o que os antigos taoístas chamavam de dez mil alegrias e dez mil tristezas.

Outro aspecto do reconhecimento das emoções está em ver que freqüentemente elas aparecem em conjunto ou em constelações. Podemos ter consciência do sentimento mais predominante, mas podemos deixar de notar os sentimentos subjacentes e que funcionam como fontes subterrâneas. Por exemplo, podemos sentir uma raiva intensa e dar-lhe bastante atenção, mas deixamos de notar certa atitude de farisaísmo que a acompanha. Enquanto não nos conscientizarmos desses estados associados, dos companheiros emocionais da jornada, podemos ficar presos numa emoção dolorosa durante muito tempo.

O claro reconhecimento e a aceitação das diferentes emoções que emergem na nossa experiência levam-nos ao segundo importante passo no trabalho com os sentimentos mais fortes. Nossa cultura ocidental não dá muito valor a esse método, apesar de ele ser uma das principais bases da nossa felicidade. Estou me referindo à capacidade de discriminar sabiamente entre as emoções ou estados mentais sadios e os nocivos. O parâmetro para se fazer essa distinção é simples: esse estado mental ou essa emoção cria sofrimentos para nós mesmos ou para outros, ou cria paz e felicidade?

Alguns estados mentais são, obviamente, habilidosos ou não. Habilidosos, no sentido budista, se refere ao que leva à felicidade, à liberdade, e não habilidoso ao que conduz para o sofrimento. Poucos discordariam de que a cobiça ou o ódio, ou a ignorância, são estados indesejados ou que a generosidade, o amor, a compaixão e a compreensão são estados que valem a pena. Podemos confundir a tristeza, a dor e até mesmo o abuso considerando-os uma sensação de compaixão. Ou podemos confundir o sentimento da indiferença com o da equanimidade. Suas aparências são semelhantes, mas, na verdade, são muito diferentes, com diferentes conseqüências.

Na nossa sociedade, freqüentemente ouvimos ou lemos sobre a necessidade de honrar nossas emoções, o que certamente é verdade no sentido de reconhecê-las, de aceitá-las e de nos abrirmos para elas. No entanto, isso não é suficiente. Também precisamos dar o passo seguinte, investigando se um determinado estado mental é conseqüência da perícia ou não. Ele está nos trazendo felicidade e liberdade, ou será que está provocando um sofrimento maior? Será que queremos cultivá-lo ou abandoná-lo? Sempre temos essa opção, apesar de freqüentemente deixarmos de exercê-la.

Essa qualidade da sábia discriminação pode nos dar grandes poderes. Raramente controlamos as emoções que vêm fazer parte da nossa mente e do nosso coração. Mas quando elas estão presentes, podemos conquistar a liberdade de nos relacionar com elas de diferentes maneiras. Se não tivermos consciência de qual emoção está presente, nem do fato de ela ser ou não conseqüência da perícia, então simplesmente agiremos a partir dos nossos antigos padrões de condicionamento. E isso pode nos manter num emaranhado de sofrimentos, apesar de desejarmos a felicidade. Quando temos consciência desses dois aspectos, criamos a possibilidade de uma sábia escolha e de uma liberdade interior.

O terceiro passo para trabalhar com as emoções é, simultaneamente, o mais difícil e o mais libertador. Esse passo consiste em aprender, enquanto nos abrimos para toda a gama de sentimentos, sem nos identificarmos com eles. A identificação com a emoção – esta sensação de ela se constituir em nosso ser, de ela ser o "eu" – é extra. Observe a sensação de contração quando você se identifica intensamente com vários estados mentais que todos vivenciamos: "estou irritado", "estou triste", "estou contente", "estou ansioso". Esses momentos de identificação são frases costumeiras, uma convenção que causa muitas mágoas e dores.

Da perspectiva da meditação, vários estados mentais, incluindo as emoções, afloram e desaparecem sem ter nenhuma natureza substancial. Elas se formam quando há determinadas condições, e desaparecem quando essas condições se modificam. Elas não pertencem a ninguém; não estão acontecendo a alguém em especial.

Num sentido muito real, cada estado mental, ou emoção, está expressando a si mesmo; o desejo é que deseja, o medo é que teme, o amor é que ama. Não é você nem sou eu. Você é capaz de reconhecer a diferença entre a experiência do tipo "Estou com raiva" e a experiência do tipo "Isto é a raiva"? Através dessa pequena distinção flui todo um mundo de liberdade. Obviamente, é extremamente importante não usar a idéia da ausência do eu como veículo para a negação. A verdadeira ausência do eu é decorrente da abertura e da aceitação.

Como afirma um texto budista tibetano, os estados mentais ou emoções são como nuvens no céu, sem raízes, sem moradia. Identificar-se com uma emoção, como se ela fosse parte do eu, é como tentar amarrar uma nuvem. Será que podemos aprender a libertar todas as emoções, todos os fenômenos, deixando que eles passem pelo céu aberto do coração e da mente?

SERVIDÃO EMOCIONAL, LIBERDADE EMOCIONAL

A essa altura, é possível que você pergunte: "Eu consigo compreender o valor de não me identificar com as emoções, de não transformá-las no meu 'eu', mas como devo *agir* para conseguir fazer isso?"

Não é algo fácil de ser feito. Sempre é muito fácil envolver-se com as emoções, ficar perdido na energia delas, perdido nos pensamentos referentes a elas. Por meio do envolvimento da identificação, criamos um acentuado sentido do eu: "Estou tão furioso!", "Estou tão triste!" ou feliz, ou qualquer outra coisa.

O nosso grande desafio, e também o nosso grande potencial, está em aprendermos a nos manter receptivos a toda a gama de sentimentos, sem acrescentar essa idéia do "eu" e do "meu" em meio a tudo isso. Um conselho prático, que muitas vezes ajuda, é o de ver três coisas acontecendo em meio a uma forte emoção.

Por exemplo, quando ficamos com raiva, observamos primeiro algum fator externo que provoca a manifestação dessa raiva. Alguém está fazendo ou dizendo algo que não nos agrada, ou que sentimos que é prejudicial a nós ou a outrem. Depois, existe a nossa reação a essa situação, ou seja, o sentimento de raiva. E o terceiro componente é o relacionamento da nossa mente com a raiva em si.

Geralmente nos perdemos nos dois primeiros aspectos: o fator externo e a nossa reação a ele. Alguma coisa acontece e ficamos irritados. E quando ficamos irritados, começamos a pensar sobre o que aconteceu. Todos esses pensamentos geram mais raiva, o que, por sua vez, dá origem a mais pensamentos sobre a situação, freqüentemente com um forte sentimento de culpa, de sentimentos farisaicos e de mágoa. Não demora muito para nos vermos presos a um circuito fechado e destrutivo.

Se você tentar uma saída para esses ciclos, tente desviar sua atenção da situação e da sua reação a ela, procurando aproximar-se do terceiro componente, ou seja, do relacionamento entre a sua mente e a emoção, pouco importando que ela seja raiva, medo ou qualquer outra coisa. Por exemplo, em meio ao redemoinho da raiva, você pode perguntar a si mesmo: "Como é que estou me envolvendo nesta raiva? Como é que estou ficando preso a ela? Como é que estou me identificando com ela?"

A formulação de qualquer um desses tipos de pergunta é algo completamente diferente de considerar o fator externo. Nesse momento, não estamos mais emitindo formulações de culpa que nos prendem à situação, à reação e à nossa identificação com a emoção. Não estamos mais pensando a respeito das causas exteriores da raiva, de maneira que deixamos de alimentá-la.

E também não formulamos a pergunta com a finalidade de receber uma resposta nem de conseguir uma explicação intelectual. A finalidade da pergunta é a de nos ajudar a mudar de perspectiva, de assumir a responsabilidade pelo que está se passando na nossa mente. No momento em que perguntamos "Como é que estou ficando preso a isso?" já conseguimos nos colocar fora da raiva e estamos examinando a nossa relação com ela. É possível que, nesse momento, toda a massa da raiva se dissolva, *sem* que a neguemos, sem que haja nenhuma repressão quanto a ela e sem que ela seja rejeitada ou posta de lado.

Certa vez, no nosso centro de meditação em Barre, no estado de Massachusetts, fiquei extremamente irritado com alguém que fez alguma coisa que eu considerava como sendo extremamente nociva. A raiva era muito forte e eu estava pensando no seguinte: *Raiva, raiva, raiva!* Meu corpo inteiro vibrava. Essa situação se prolongou por muitas horas. Sempre que pensava a respeito da situação, a raiva ficava mais forte.

Fui dormir me sentindo assim, e a intensidade dessa emoção e seus efeitos sobre o meu corpo me acordaram cedo pela manhã. Fiquei tão espantado ao acordar com o mesmo nível de intensa energia de irritação que comecei a perguntar a mim mesmo: "O que está acontecendo aqui? Como é que estou ficando preso a esse sentimento?" Nesse momento, eu não estava formulando estas questões mecanicamente; eu realmente queria compreender o que estava acontecendo, os motivos pelos quais minha mente estava tão envolvida, tão identificada com a raiva.

No exato momento em que formulei essas perguntas, em que modifiquei minha perspectiva, todo o meu corpo ficou mais leve e a raiva desapareceu. Foi como mágica. Mais tarde, nesse mesmo dia, conversei com a pessoa que provocara esse forte sentimento de irritação. Conseguimos falar sobre o problema de uma maneira fácil e proveitosa, porque a raiva e a culpa não estavam mais presentes. Portanto, não tentamos evitar lidar com o fator externo. Pelo contrário, se conseguimos purificar nossa mente e nosso coração primeiro, é sinal de que uma solução pode ser encontrada mais facilmente.

Provavelmente, você não irá conseguir aperfeiçoar essa simples maneira de diminuir a intensidade de emoções dolorosas quando tentar colocá-la em prática pela primeira vez. Como ocorre em relação a qualquer prática, precisamos melhorá-la através do nosso interesse por ela e da sua repetição. Mas cada vez que conseguirmos romper as correntes da nossa identificação, sentiremos uma grande liberdade. A mente volta a ser ampla e receptiva. Na próxima vez em que você se vir envolvido por um forte e doloroso estado emocional, tente perguntar três coisas a si mesmo: "Qual é o fator externo?" "Qual é minha reação a ele?" "Qual a emoção que estou sentindo?" e "Qual é minha atitude em relação a essa emoção? Como é que eu estou me envolvendo com ela?"

Passo a passo, situação por situação, aprendemos qual é a sensação de sermos livres.

USE O SEU GUARDA-CHUVA

Há diferentes maneiras de se lidar com experiências de grandes emoções quando não dispomos de tempo nem de espaço para observá-las e investigá-las. Às vezes, um afastamento da situação é a reação mais inteligente. Recuamos um pouco, nos acalmamos e depois, se a situação continuar, voltamos e tentamos nos comunicar com a pessoa ou com as pessoas com as quais tivemos algum problema.

Também é de grande utilidade compreender que muitas coisas fogem ao nosso controle. Um dos meus primeiros mestres me disse algo que sempre me ajudou muito e que me livrou de grandes doses de sofrimento. Ele disse: "Você não pode controlar a mente das outras pessoas. Você pode apenas controlar a sua própria mente." Apesar de podermos tentar nos comunicar de forma clara e eficaz com outras pessoas, de podermos sentir compaixão pelos sofrimentos delas e de trabalhar para deixá-las mais aliviadas, não podemos, na verdade, controlar as reações ou as ações delas. Quando compreendemos esse fato, tudo acaba ficando um pouco mais simples e fácil. É mais fácil deixar as coisas passarem. À medida que a qualidade da equanimidade cresce na nossa mente, somos mais capazes de enfrentar situações desagradáveis sem que a nossa mente fique agitada. Aprendemos a responder, em vez de simplesmente reagir.

E há situações que exigem reações fortes. Não precisamos ser sempre passivos e aceitar tudo em todas as situações. Às vezes, podemos ter de usar o nosso guarda-chuva!

Sharon Salzberg, uma amiga e colega de aulas, teve uma experiência assustadora há alguns anos, quando estávamos participando de nossas primeiras meditações na Índia. Ela e outra amiga tinham estado em Calcutá com uma de nossas mestras, Dipa Ma. Quando a deixaram, as duas contrataram um riquixá para levá-las à estação ferroviária. O atalho que tomaram passava por uma viela escura, onde um homem as atacou violentamente e começou a puxar Sharon para fora do riquixá. Foi um momento terrível. A amiga de Sharon finalmente conseguiu afugentar o agressor e elas chegaram à estação sem maiores danos.

Quando voltaram a Bodh Gaya, onde estávamos todos hospedados, Sharon contou o que acontecera ao nosso mestre, Munindra-ji. Ele ouviu todos os detalhes atentamente. No final da história, Munindra-ji disse: "Minha querida, apesar de toda a bondade que existe no seu coração, você deveria ter pego o seu guarda-chuva e golpeado o homem na cabeça."

Às vezes, é justamente isso o que precisamos fazer. Teria sido bastante fácil golpear o homem na cabeça com o guarda-chuva. A parte difícil teria sido conciliar essa ação com a bondade no nosso coração. Essa é a nossa verdadeira prática.

Essa qualidade de se mostrar firme e decidido, de usar o guarda-chuva quando nenhuma outra coisa funciona, é algo que podemos usar também na meditação, se bem que seu uso deva ser realizado com cuidado e precisão. Quando alguma coisa prejudicial é alvo da atenção constante de nossos pensamentos, podemos achar esse local firme e seguro em nossa mente e, a partir dele, assumir uma posição decidida para não sermos atingidos. É como se empunhássemos nosso guarda-chuva – ou, se preferir, nossa espada da sabedoria – e disséssemos "Basta!" ou "Agora não!"

Essa nossa ação mental *não* equivale a evitar nem a negar algo desagradável porque não queremos passar por ele. Se resolvermos fazer isso, devemos fazê-lo com um sentimento de amor e não de aversão. É nesse ponto que as pessoas freqüentemente cometem enganos; elas empunham a espada da raiva, não a da sabedoria discriminatória. A sabedoria nos diz: "Esse estado mental ou esta emoção não é sábia, é desagradável. Eu já vi isso muitas vezes. Esqueça isso!"

Precisamos sempre encontrar o equilíbrio correto para que qualquer meio eficaz seja realmente eficaz. Freqüentemente, as pessoas estão tão cheias de julgamentos e de condenações referentes a si mesmas e aos outros que o que mais necessitam é ficar mais tranqüilas, é aceitar, é esquecer. Mas também é muito importante explorar esse sentimento de força e resolução da mente, o local do guerreiro que existe em todos nós, para que possamos usar nossos crescentes poderes para atravessar estados nocivos de maneira apropriada e amorosa.

O MEDO EM SI

"A única coisa que temos a temer é o medo."

As primeiras palavras do discurso de posse do presidente Franklin Delano Roosevelt continuam entre as mais lembradas dele; elas continuam familiares a muitos de nós que nascemos anos depois de elas terem sido proferidas. A impressionante força das palavras de Roosevelt está no fato de que ele lembrou aos norte-americanos que o maior perigo que todos estavam enfrentando não era formado pelas circunstâncias externas da Grande Depressão, mas pelas forças que atuavam dentro de suas mentes.

Como praticantes da meditação, podemos levar essa constatação mais além. Será necessário sentir o medo? Até que ponto nossa capacidade criativa e vital está presa – às vezes até mesmo paralisada – pelo medo do medo, pela nossa recusa em senti-lo e de conhecê-lo como ele realmente é?

Seria muito difícil superestimar o poder potencial do medo em controlar a nossa vida. Esse estado mental tem uma gama extraordinária de expressões: ele vai da ligeira preocupação à ansiedade crônica e ao terror total. Ele pode contrair nossa mente e nosso corpo, deixando aleijada a nossa vontade. E, além de o medo ser um grande poder em si mesmo, ele também fornece uma energia oculta de motivação para muitos outros estados que nos causam dores e sofrimentos. Por trás de cada ato de cobiça está o medo da privação. Por trás do ódio e da agressão está o medo de ser prejudicado. Por trás de muitas ilusões está o medo de conhecer e sentir situações dolorosas.

Você tem idéia dos motivos pelos quais lidar de maneira inteligente com o medo pode ser um ato significativo de libertação? Indo além do medo que sentimos do medo, e desmascarando o próprio medo, não só nos libertamos da força debilitante do medo, como também reduzimos a força de muitas outras situações mentais que dependem dele como fonte para grande parte dos seus poderes.

A prática da atenção total começa a nos desenvolver. Passamos a aceitar as lembranças, as emoções, as diferentes sensações físicas. Na meditação, tudo isso ocorre de um modo muito orgânico, porque não estamos procurando, não estamos escavando nem explorando algo; nós nos limitamos a ficar sentados, observando tudo. No contexto seguro de um retiro e no seu próprio tempo, que é o tempo certo, as coisas começam a emergir: o medo, o medo do medo, muitas dessas lembranças, desses pensamentos, emoções, sensações que tínhamos medo de vivenciar. Começamos a achar razoável sentir tudo isso. À medida que essas coisas começam a vir à tona e que as sentimos conscientemente, atentamente, com uma sensação de tranqüilidade e aceitação, cada vez menos energia é necessária para mantê-las submersas. Como conseqüência, a energia, no nosso sistema, começa a fluir de modo muito mais livre.

Depois, olhamos em torno e constatamos que existe muito menos medo. Nós já enfrentamos o que temíamos; sobrevivemos; até constatamos que estamos nos sentindo bem. O medo não consegue sobreviver ao final do esforço para evitá-lo e para negá-lo. Ele começa a perder terreno.

Essa prática nos ajuda também de outra forma. Há muitos anos, participei de um *sesshin* zen, ou retiro de meditação, com Joshu Sasaki-roshi, um hábil e exigente mestre zen. Foi um sesshin muito proveitoso para mim, pois me tocou num ponto do medo mais profundo. Eu senti o medo primitivo com tanta intensidade que, por vezes, tinha até medo de me movimentar.

Trabalhei com esse medo durante todo o sesshin e, apesar da sua intensidade ter se tornado mais fraca depois, a sensação profundamente enraizada perdurou durante meses. Eu estava me locomovendo num espaço de medo e comecei a me relacionar comigo mesmo como sendo uma pessoa medrosa. Eu sentia o medo como um nó no âmago do meu ser, e achava que teria de trabalhar nisso durante anos até conseguir desatar esse nó.

Meses depois, quando, em companhia de uma colega, eu estava dirigindo um retiro no Texas, certa vez estávamos caminhando juntos pela região. Eu estava falando sobre o meu medo terrível, contando tudo o que tinha de fazer e lamentando o grande fardo que esse medo representava. Depois de algum tempo, ela finalmente virou-se para mim e disse algo que, desde então, repeti muitas vezes para mim mesmo e para outros: "Trata-se apenas de um estado mental." Aquele foi o momento exato para eu ouvir essas palavras. Se ela as tivesse dito uma semana antes, elas não teriam causado o mesmo impacto. Mas naquele exato momento, a frase serviu para me abrir a perspectiva de que o medo realmente não pertence a ninguém. Ele não fazia parte do "eu", do "a mim". Era apenas um estado mental. Ele estava presente e iria desaparecer. Não havia coisa nenhuma que eu precisasse fazer em relação a ele a não ser deixá-lo ir.

Durante todo esse tempo, apesar de o estar observando, de alguma forma eu não me conscientizara de que sentia aversão com relação ao medo. Por causa dessa aversão, havia também uma identificação negativa com ele. No momento em que consegui compreender que o medo é apenas um estado mental, a coisa toda desapareceu. Não estou querendo dizer que nunca mais senti medo, mas a partir desse momento passei a encará-lo com uma facilidade muito maior.

Uma emoção é como uma nuvem que passa pelo céu. Às vezes, é medo ou raiva; outras vezes é felicidade ou amor, ou ainda compaixão.

Mas, em última análise, nada disso constitui uma identidade. Elas são apenas o que são, cada qual manifestando a sua própria qualidade. Com essa compreensão, podemos cultivar as emoções que nos parecerem úteis e simplesmente deixar as outras irem embora, sem aversão, sem repressão, sem identificação.

O medo, a depressão, o desespero, a sensação de falta de valor – nós apenas observamos e sentimos essas coisas. O processo pode levar muito tempo para encerrar. Ou então, isso pode ocorrer numa compreensão repentina: "Ah, sim; isto é apenas um estado mental." Muitas pessoas já conseguiram muito sucesso no trabalho com essas emoções, se bem que muitas vezes isso exija grandes doses de paciência.

Munindra-ji, um dos meus primeiros mestres do Dharma, costumava afirmar que, na prática espiritual, o tempo não é um fator. A prática não pode ser medida pelo tempo; portanto, é melhor abandonar o conceito do quando e do por quanto tempo. A prática é um processo em desenvolvimento e esse desenvolvimento ocorre no seu devido tempo. É como as flores que crescem na primavera. Ninguém as tira da terra para que cresçam mais depressa. Certa vez, fiz isso com cenouras na minha primeira horta, aos oito anos de idade. Não funcionou.

Não precisamos de nenhum período predeterminado de tempo para adotar esse processo de deixar que as coisas aconteçam. Por que não fazê-lo agora?

OBRIGADO, TÉDIO

Como a raiva e outras emoções, o tédio muitas vezes nos engana e nos leva a direcionar nossas energias inteiramente para uma situação exterior. Dessa forma, ele impede que nos libertemos por meio da visão do nosso relacionamento com a emoção propriamente dita. Todos cometemos um grande engano com relação ao tédio quando achamos que ele surge por causa de determinada pessoa, de alguma situação ou atividade.

Uma grande parte da inquietação na prática da meditação, e também na vida quotidiana, deriva desse equívoco fundamental. Com que freqüência tentamos encontrar algo novo para reconquistar o nosso interesse, algo mais estimulante ou mais excitante? E com que freqüência isso também se torna rapidamente entediante e monótono, levando-nos a partir outra vez à procura de algo "melhor"?

Compreender que o tédio não advém do *objeto* da nossa atenção, mas sim da *qualidade* da nossa atenção é realmente uma revelação transformadora. Fritz Perls, um dos que trouxeram a terapia da *Gestalt* para os Estados Unidos, certa vez disse: "O tédio é falta de atenção." A compreensão dessa realidade provoca mudanças profundas na nossa vida.

Depois disso, o tédio se transforma numa experiência extremamente útil para nós. Ele não nos diz que uma situação, uma pessoa ou um objeto de meditação deixa a desejar de alguma maneira, mas que a nossa atenção no momento não é suficiente. Em vez de nos aborrecermos com o tédio ou de nos queixarmos dele, podemos considerá-lo um amigo que nos está alertando: "Preste mais atenção. Aproxime-se mais. Ouça mais atentamente."

Na próxima vez que você sentir certa falta de interesse, em vez de simplesmente "mergulhar" no tédio, use-o como um sinal para incentivar mais a sua atenção. Fazendo isso, você irá notar como o aumento da atenção provoca mais interesse e energia. Marcel Marceau, o maravilhoso mímico francês, faz um número em que passa de uma posição ereta para outra sentada ou deitada. Ele modifica completamente sua posição, mas você nunca percebe um único movimento dele. Seus movimentos são tão minúsculos que passam a ser imperceptíveis. Primeiro, ele está de pé e logo depois está sentado. Tente fazer isso, movimentar-se do modo mais lento possível e veja se sente tédio. É impossível! Justamente por exigir uma dose tão grande de atenção.

Quando estamos com outras pessoas e nos sentimos entediados, será que podemos ouvir com um pouco mais de atenção, sustando a seqüência dos nossos próprios comentários internos? Se estivermos sentados em meditação e nos sentirmos desinteressados, será que podemos nos aproximar mais do objeto, não com força, mas com delicadeza e cuidado? O que é essa experiência que chamamos de respiração? Se alguém estivesse segurando a nossa cabeça debaixo da água, a respiração seria entediante? Cada respiração equivale, na verdade, à conservação da nossa vida. Será que podemos estar completamente com ela, pelo menos uma vez?

Assim que conseguimos reconhecer o que o tédio realmente é, ele se transforma num grande convite para despertar.

FALTA DE VALOR

Tradicionalmente, iniciamos retiros de meditação procurando um abrigo. Esse ato tem um significado profundo. Nós nos refugiamos no Buda, no Dharma e no Sangha – na mente desperta, no caminho para o despertar e na comunidade de todos os que se encontram nesse caminho. As pessoas podem procurar o refúgio como um ritual ou um tipo de cerimônia. Isso funciona neste nível, mas também tem um significado mais profundo e mais imediato para nós.

Para chegar ao fim do sofrimento, a saída é seguir através. Embora o que o Buda chamou de "o alívio seguro do coração" seja o resultado inequívoco da nossa prática, quando perseveramos e apesar de, às vezes, sentirmos amostras dessa maravilhosa bênção ao longo do caminho, uma grande parte da nossa prática envolve a descoberta de lugares fechados e desconfortáveis no coração. A liberdade decorre da criação de uma mente tão ampla e clara que esses bloqueios começam a se dissolver porque acabamos com a nossa resistência a eles.

Por vezes, esse processo de cura e libertação pode ser um desafio, porque estes lugares desagradáveis *são* desagradáveis. Procurar refúgio no Buda, no Dharma e em Sangha atrai para nós uma grande sensação de libertação que nos ajuda e nos ampara nos inevitáveis momentos de desafios e de trabalho pesado. Não estamos sozinhos nesse caminho.

Um desses lugares difíceis, um poder corrosivo e maléfico na nossa consciência, nos afeta principalmente no Ocidente. Estou me referindo à emoção ou ao estado mental da falta de valor ou do ódio por si mesmo.

Como é que procurar o refúgio pode nos ajudar com relação a este hábito mental particularmente prejudicial? Quando estamos cheios de ansiedade, de dúvidas sobre nós mesmos e de sentimentos de falta de valor, procurar refúgio no Buda ajuda-nos a voltar ao local em nós mesmos onde reconhecemos nossa natureza essencial de Buda. Apesar de todos podermos sentir essas emoções, procurando refúgio em Buda, nós nos refugiamos tanto no nosso próprio potencial para a iluminação como na sabedoria do Buda histórico. E, depois, a partir desse profundo local de refúgio, temos a capacidade de perceber a rejeição de nós mesmos e a ansiedade, não como coisas inerentes à nossa formação, mas como forças passageiras da nossa mente.

Certa vez, quando o Dalai-Lama visitou nosso centro de meditação em Barre, no Estado de Massachusetts, numa pergunta a ele alguém descreveu profundos sentimentos de desmerecimento e de dúvida com respeito a si mesmo. A resposta do Dalai-Lama foi belíssima. Na minha experiência, ele sempre personifica e irradia uma quantidade impressionante de compaixão. Sente-se palpavelmente essa qualidade vinda dele, e naquele momento ela era muito forte. Fui capaz de sentir uma onda do seu amor por essa pessoa que se sentia tão desvalorizada.

O Dalai-Lama disse: "O senhor está enganado; o senhor está totalmente enganado!" Foi um momento de grande impacto, porque gentilmente mas decisivamente anulou a identificação que temos com esses estados mentais como as pessoas que somos. Esse maravilhoso mestre sabia muito bem, exatamente como todos sabemos em algum lugar profundo do nosso interior, que, por trás da dúvida, da ansiedade e do medo, a natureza essencial da nossa mente e do nosso coração é pura.

Podemos deparar com vários obstáculos e distorções que influenciam nossa mente por algum tempo, mas essas coisas são *apenas* visitantes; não são os donos da casa. Não importa o que tenhamos feito no passado, não importa o que tenha sido feito a nós, não importa o que a nossa vida presente e a nossa vida passada tenham sido, todos compartilhamos do grande potencial de sabedoria e de compaixão. Nossa vida é o processo do desdobramento do Dharma; simplesmente, precisamos nos abrir para compreender isso, para perceber a verdade do que realmente existe.

É importante não ficar perdido em função de sentimentos como a ansiedade, a dúvida acerca de si mesmo e o sentimento de desmerecimento. Não negamos essas coisas e nem fazemos de conta que elas não estão presentes, porque elas realmente *estão* presentes e realmente influenciam a nossa mente de determinada maneira. Mas não precisamos dar-lhes uma importância que não possuem.

Procurar refúgio. Como o Dalai-Lama certa vez sugeriu tão ternamente: "Descanse a cabeça no colo do Buda." Instale-se na natureza de Buda agora, na natureza do Dharma, na consciência do Sangha, nesses muitos seres que percorreram o caminho do despertar. O refúgio é um lugar de segurança, e essa compreensão do nosso valor se transforma num santuário de segurança no nosso íntimo.

A CULPA

Um íntimo companheiro do desmerecimento pessoal, que passeia com ele de mãos dadas pelo nosso coração e pela nossa mente, é a culpa. Essa emoção ou estado mental freqüentemente se intromete em situações nas quais podemos ter feito ou dito coisas que causaram sofrimentos a nós ou a outrem.

É importante saber que realmente dispomos de uma opção quanto à maneira como tratamos tais situações. A reação costumeira está em nos condenarmos, entregando-nos àquela sensação do "eu não presto". No entanto, esse estado de severo autojulgamento na verdade é um ardil do ego. A mente ou o ego nos enganam para intensificar a condição do eu, num julgamento negativo.

Essa sensação do eu não é uma estrutura sólida e contínua da mente, da qual precisamos nos livrar. Nós tornamos a criar a idéia do eu em cada momento em que não permanecemos atentos, quando nos identificamos com alguma coisa que esteja acontecendo. E assim, em cada momento da consciência, a sabedoria nos liberta da concentração do eu, porque a ilusão do ego é tão descontínua e impermanente quanto qualquer outra coisa. A sabedoria da atenção total e a ilusão do eu não podem coexistir: uma exclui a outra.

À medida que a culpa se manifesta na nossa mente, ela é alimentada quando nos identificamos com ela e a transformamos em "eu", quando deixamos de observá-la de modo atento com a consciência. Portanto, quando sentir a culpa, transforme-a no objeto da sua consciência. Observe-a. No momento do reconhecimento, da aceitação e da não-identificação – isso é difícil e você poderá levar tempo até dominar o processo – você poderá perceber que essa grande força mental não passa de um mero tigre de papel. A culpa emerge, você a percebe, e nesse momento da percepção, quando você deixa de se identificar com ela, ela desaparece.

Em comparação com a culpa, há outra resposta possível para nossas ações prejudiciais. Podemos pensar nessa resposta como sendo um sábio remorso. Reconhecemos e aceitamos que fizemos alguma coisa nociva, compreendemos seu caráter desagradável, vemos que ela tem determinadas conseqüências e, com sabedoria, permitimos que o nosso reconhecimento seja a força que nos capacite a evitar essas ações no futuro.

Desse modo, conseguimos evitar esse ardil traiçoeiro que envolve o engrandecimento do ego através de uma ênfase negativa da identidade. Sentimos o remorso sábio num ambiente mental de perdão, porque o perdão reconhece a verdade da mudança; o que aconteceu no passado não precisa acontecer outra vez no futuro. Não existe perdão na culpa porque "congelamos" a idéia do eu numa espécie de coisa imutável por meio do autojulgamento negativo; segundo a culpa, "uma vez ruim, sempre ruim".

Certa vez, quando estava num retiro, a culpa se manifestou de forma muito forte e desagradável com relação a determinada coisa que eu tinha feito. Ela veio à luz de forma tão incessante que eu me senti atraído por ela, muito interessado em compreender como tinha me envolvido tanto com ela. "Tudo bem! O que está acontecendo aqui? O que é isso? Por que todo esse sofrimento?" Finalmente, reconheci que a culpa, na verdade, era apenas um estratagema do ego, que tinha me levado a criar uma idéia do "eu".

Era o trabalho de Mara. No budismo, Mara é a personificação simbólica da ignorância e da ilusão – todos aqueles pensamentos e impulsos que tentam nos afastar da libertação. Quando o futuro Buda estava fazendo seu último e grande esforço pela libertação, foi Mara quem o atacou debaixo da Árvore Bodhi e tentou interromper sua concentração.

Quando reconheci que a culpa é obra de Mara, desenvolvi uma nova técnica de prática que chamo de "apontar o dedo para Mara". Tal como o Buda descreveu nos seus discursos a maneira como exclamava: "Mara, eu estou vendo você!", eu passei a apontar meu dedo mental para Mara e a dizer: "Estou vendo você!" Com o gesto de apontar o dedo, a identificação e o engano desapareceram, e a culpa que eu estava sentindo rapidamente acabou.

Em seguida, tive um sentimento de remorso genuíno e sábio. O remorso sábio me libertou no momento em que eu estava encalhado, envolvido e tolhido por uma sensação do tipo "Eu não presto". Graças a ele, compreendi que essa ação que tinha se apossado da minha memória não era benéfica, e pude fazer o esforço para não repeti-la, o que me permitiu avançar.

Tente essa meditação que envolve "apontar o dedo" da próxima vez que a culpa visitar o seu coração. "Você deveria se sentir mal com relação a isso; você fez algo realmente ruim e você *é* realmente alguém que não presta!" Você aceita essa abordagem? Você a adota? Você acredita que ela seja o seu "eu"? Se as respostas forem positivas, Mara venceu. Mas se você reconhecer o truque e apontar o dedo: "Mara, estou vendo você!" – então os pensamentos de culpa podem vir, mas você não lhes dá o poder da identificação.

Além disso, existe espaço para mais sentimentos genuínos de remorso. Você fez algo prejudicial. Você não nega isso. Você aceita isso. Você percebe isso. Você aprende com isso. E depois, com um sentimento de perdão, você compreende que se tratava de algo impermanente. Nesse momento, você pode sentir aquela mudança fundamental de ponto de vista, passando de um lugar de estreito envolvimento com o ego para outro de grande amplitude, e pode se deliciar com o fato de que realmente é capaz de tomar uma decisão.

O CIÚME

O ciúme pode ser um fogo que consome a mente, um estado de grande sofrimento. O ponto de partida para se lidar com ele, um aspecto que muitos negligenciam, está em vê-lo, reconhecê-lo e senti-lo sem nenhuma condenação nem julgamento. Condená-lo ou julgá-lo serviria apenas para alimentá-lo. Se nos condenamos por sermos ciumentos, estamos simplesmente reforçando o sentimento de que não somos suficientemente bons. Ficamos ainda mais amarrados neste nó apertado e doloroso, encontrando muita dificuldade para nos desembaraçarmos dele e para recuperar a liberdade.

Portanto, o primeiro passo não é o de lutar com o fato de o ciúme estar emergindo, para criar um espaço de aceitação. A partir desse lugar, podemos depois aplicar o interesse da investigação. Perguntamos a nós mesmos: "O que é isso? Qual é a natureza dessa emoção?" Investigando a qualidade dessa energia no coração e na mente, sentindo suas sensações no corpo, nos livramos da armadilha no nível do conteúdo.

Caso você fique preso durante muito tempo no sentimento do ciúme, talvez seja preciso "mergulhar" abaixo dele, para procurar algum sentimento subjacente. A sensação de desmerecimento pessoal ou a ausência de *metta*, uma atenção amorosa por si mesmo pode estar trabalhando em sintonia com o ciúme. Se você não enxergar e não reconhecer estes perigosos aliados, se você não der atenção a eles, eles certamente continuarão fornecendo combustível para o ciúme.

Mesmo que se trate de um estado extremamente conturbado, é possível lidar com o ciúme. No entanto, para lidar com ele de forma inteligente, você precisa de muito espaço, de muita aceitação. Toque nele, mergulhe nas suas profundezas e, através da compreensão, supere-o.

DESEJO

Vivemos num mundo no qual naturalmente encontramos uma ampla variedade de objetos agradáveis aos nossos sentidos: visões e sons, sabores, sensações, pensamentos e idéias interessantes. O desejo emerge do contato com esses objetos agradáveis, e esse desejo pode ir da paixão obsessiva e do desejo viciado a um simples desejo passageiro por alguma coisa. Todas essas gradações do sentimento são expressões da mente que deseja.

É muito importante distinguir entre o desejo de querer, associado com a cobiça, e o desejo da motivação, que pode estar acompanhado de fatores positivos ou negativos. Em inglês, usamos a mesma palavra para esses estados mentais muito diferentes, ao passo que em páli, o idioma falado pelo Buda, várias palavras distinguem os vários significados de desejo. Em páli, a palavra *tanha* significa o desejo de cobiça e a palavra *chanda* é traduzida como "desejo de fazer". Por exemplo, antes de sua iluminação, o Buda tinha um forte desejo pela libertação que o inspirou no decorrer de inúmeras vidas de prática. Isto era chanda, a energia da motivação para realizar algo, nesse caso, algo associado com fé, sabedoria e compaixão.

O poder de apreensão do tanha se aprofunda muito na nossa consciência. De fato, o Buda disse que esse tipo de desejo é a força que impele o samsara, a roda da existência, da vida e da morte. Desejar, querer, apegar-se são expressões do fator mental da cobiça. Nós sentimos isso como uma grande sede por um determinado objeto. Ficamos fascinados pela aparência e seduzidos pela sensação de prazer que acompanha esse objeto. E quando isso acontece, não conseguimos reconhecer claramente a verdadeira natureza dos fenômenos, sua impermanência e sua ausência de eu.

Observe cuidadosamente o que acontece com a sua mente quando ela se envolve na floresta do desejo. É como estar perdido em meio a um labirinto encantado ou inebriado num ilusório mundo de sonhos. Envolvemos muitos pensamentos e fantasias em torno da experiência que estamos tendo ou que queremos ter, e nós mesmos nos acorrentamos com as algemas do apego.

O forte desejo da nossa mente não só impede uma clara compreensão, como também – em última análise – não consegue nos dar a felicidade que promete. Procuramos diferentes prazeres sensoriais pelas sensações agradáveis que provocam. Mas essas sensações são tão transitórias que precisamos ficar continuamente em busca do prazer.

Quantas sensações agradáveis já tivemos? Seu número é grande demais para poder ser calculado. Mesmo assim, no entanto, sentimos como se algo ainda estivesse faltando, como se algo não fosse completo. Sem compreendermos como ou porquê, ficamos no círculo vicioso, eternamente à procura de mais uma experiência agradável.

É mais difícil curar uma doença quando o remédio que tomamos é a *causa* da moléstia. Coçamos com as unhas o lugar em que sentimos a coceira e isso só faz piorá-la. Tentamos matar a sede tomando água salgada, e nossa sede aumenta. É justamente isso o que acontece quando acreditamos que a única forma de acabar com os desejos é satisfazendo-os.

Uma introvisão diferente e libertadora entra em cena quando começamos a dar uma cuidadosa atenção a essa poderosa energia em nossas vidas. Primeiro, precisamos transformar o desejo no verdadeiro objeto da nossa atenção, para ficarmos completamente conscientes quando ele aparecer na nossa mente. Dessa maneira, já não ficamos simplesmente perdidos em sensações ou em pensamentos, mas conseguimos enxergar claramente o que está ocorrendo.

Depois, podemos examinar o significado do poder da renúncia. Para muitas pessoas, a palavra *renúncia* evoca imagens de eremitas em cavernas ou de formas insuportáveis de ascetismo. Ou então, podemos considerar a renúncia como algo que provavelmente seria bom para nós, mas que sem dúvida alguma implica pesados fardos. Dizem que certa vez Santo Agostinho pediu em suas orações: "Senhor, dai-me castidade... mas não agora."

No entanto, é possível compreender a renúncia com uma forma que repercute mais profundamente no nosso íntimo. Podemos começar a ver que o vício é o fardo e que não aceitá-lo equivale à liberdade. Imagine que está assistindo à televisão com inúmeros comerciais e desejando todos os produtos anunciados. Esse seria um estado de grande sofrimento em comparação com a paz proporcionada por simplesmente deixar que tudo passe. Deixar passar os comerciais de televisão é fácil; deixar passar os intermináveis comerciais dentro da nossa mente é algo bem mais difícil.

Uma das grandes bênçãos que um retiro de meditação pode nos proporcionar é a oportunidade de aprender mais sobre a natureza impermanente do desejo – pouco importando que ele seja um desejo sexual, um desejo por comida, um desejo de ver ou de ouvir alguma coisa, ou qualquer outro desejo. Como o desejo freqüentemente se apossa de nós, muitas vezes achamos que a única maneira de lidar com ele é saciando-o de alguma forma. Podemos achar que, não satisfazendo um desejo, ele permanecerá conosco até que o façamos. No entanto, se dispusermos da força mental suficiente para simplesmente ficar com ele, de modo muito atento, veremos que ele acaba desaparecendo por conta própria.

O que acontece durante a meditação quando resolvemos não agir em função de um desejo? Nós observamos esse desejo durante o tempo que for necessário, e a partir de um determinado momento ele desaparece. Embora o desejo possa voltar quando de novo as condições forem propícias a ele, no momento do desaparecimento, ele realmente some.

O desejo é passageiro, como todas as outras coisas! Essa simples mas rara idéia traz a libertação, porque começamos a compreender que não precisamos necessariamente satisfazer os desejos todas as vezes que eles se manifestam. Compreendemos que os desejos não precisam ser concretizados para serem resolvidos. Posteriormente, todos desaparecem por conta própria, porque também fazem parte da grande roda das mudanças.

Preste atenção especial aos momentos de transição quando o desejo some e o tranqüilo *não querer* passa a ocupar seu lugar. Registre essa sensação de alívio, de se livrar das algemas do desejo na mente. Observar essa experiência de ficar quase dominado por um desejo muito forte e intenso, e depois ver, saber e sentir o que acontece quando ele desaparece, nos alivia do grande fardo de ter de, necessariamente, fazer alguma coisa em relação a ele. A mente se liberta com uma grande sensação de alívio e de amplitude.

À medida que formos ficando mais familiarizados com esse espaço de liberdade na mente, deixaremos de ser compulsivamente impelidos a agir por causa da força do desejo. Poderemos então pôr em prática o amor e a sabedoria nas escolhas que fizermos. Será que esse desejo é apropriado? Ele é benéfico? Este é o momento certo? Nós podemos agir ou não com relação a ele, e a mente permanecerá em estado de paz e de equilibrio.

Aprender a ser mestres no relacionamento que temos com o desejo, a força propulsora de todo esse samsara, não é uma tarefa simples. Portanto, seja paciente consigo mesmo e continue firme em sua busca.

QUATRO

PSICOLOGIA E DHARMA

O EGO E O EU

Em certo sentido, podemos perceber a maioria dos ensinamentos do Buda como sendo uma sutil e profunda psicologia da liberdade. Eles exploram profundamente a mente e descrevem como a mente cria o nosso mundo – nosso corpo, nossas ações, até mesmo nossos ambientes físicos e os eventos que ocorrem conosco.

Se o Dharma é uma psicologia espiritual, como ele se relaciona com os conceitos ocidentais da mente? O tratamento em conjunto do budismo e da psicologia ocidental forma um vasto tópico. Neste capítulo, eu gostaria apenas de mencionar algumas distinções que possam ser importantes para as pessoas interessadas neste assunto.

Uma dessas distinções é a aparente contradição entre os conceitos budistas e ocidentais do "ego" e do "eu". O Dharma ensina que a realidade não tem ego, com ausência de identidade, ao passo que a psicologia ocidental discorre sobre a necessidade de se construir uma forte estrutura do ego, uma identidade saudável. Essa aparente contradição pode criar confusão. Mas esse dilema é decorrente apenas do uso que fazemos da linguagem. Usamos as palavras *ego* e *eu* de uma forma, na psicologia ocidental, e de um modo diferente nos ensinamentos do Buda.

No sentido psicológico ocidental, "ego" ou "eu" são referentes a um determinado tipo de equilíbrio e de força da mente. Nesse sentido, ter um ego fortemente desenvolvido é essencial para nosso bem-estar. Precisamos ter esse equilíbrio para podermos funcionar no mundo como seres humanos em equilíbrio. Pessoas com um senso pouco desenvolvido do eu não conseguem ter um bom desempenho no mundo, nem são capazes de encontrar paz em si mesmas.

O uso budista da palavra *eu* é diferente desse conceito de equilíbrio ou de maturidade mental-emocional. Quando o Buda se refere ao "eu", ele está falando de uma idéia ou de um conceito que temos de uma essência imutável que está passando por uma experiência.

Portanto, quando ele fala da ausência do eu, ou de *anatta*, no idioma páli, ele diz que é preciso compreender que a experiência não se refere a qualquer pessoa – e essa é a compreensão crucial e transformadora que se torna tão profunda na nossa prática.

A introvisão significa ver de modo claro e profundo que tudo na mente e no corpo está num processo de transformação, e que não existe ninguém por trás disso, ninguém a quem isso esteja acontecendo. O pensamento *é* o pensador; não existe pensador separado do pensamento. É a raiva que tem raiva e é o sentimento que sente. Tudo é apenas o que é e *unicamente* o que é. A experiência não pertence a ninguém. É justamente esse processo adicional e errado de referência a alguém, a alguma idéia de um âmago do ser, que acaba criando o que o Buda chamou de ego ou "eu". Nós sobrepomos uma idéia de ego ou de eu a uma realidade que, na verdade, não tem ego nem eu.

O processo de desenvolver uma forte estrutura de ego e de ver a natureza destruída de um eu da experiência são bastante complementares, apesar de as palavras parecerem contraditórias. Um saudável senso do eu se desenvolve quando aprendemos a ver claramente e a aceitar todas as diferentes partes do que somos; compreender o vazio do eu advém de não acrescentar a estas partes o fardo da identificação.

A aceitação de si mesmo é, na verdade, um aspecto da atenção total. Ser atento significa estar disposto a sentir todas as emoções, pensamentos, sensações e eventos da vida. Essa aceitação cria uma forte base de confiança, porque assim curamos a divisão interior aprendendo a conviver com a totalidade.

No entanto, às vezes ocorre uma sensação de luta na prática porque alguma coisa está ocorrendo – no corpo, nas emoções ou nos pensamentos – para a qual não conseguimos nos abrir. Nós não gostamos de determinadas emoções: raiva, desmerecimento pessoal, depressão, desespero, solidão, tédio ou medo; podemos ter dificuldade para aceitar este lado sombrio de nós mesmos. Quando esses sentimentos surgem e nós nos surpreendemos lutando, não é porque eles existem, mas sim porque no momento não estamos dispostos a aceitá-los.

O mesmo pode-se dizer a respeito de determinadas sensações físicas. Quando as sensações do corpo ficam excessivamente fortes ou dolorosas, nós nos fechamos, resistimos, retrocedemos. Quando desenvolvemos a atenção total, crescemos em termos de aceitação de nós mesmos no sentido mais amplo possível. Aprendemos a aceitar nossa experiência como um todo, pouco importando se é agradável ou não. Tomando por base essa aceitação, podemos depois atentar muito concentradamente para a natureza passageira, momentânea, de todas essas partes de nós. Podemos ver que todos os pensamentos, sentimentos, emoções e sensações são momentâneos, em fluxo constante. Podemos ficar com eles sem identificação e ver que eles não pertencem a ninguém; que são simplesmente fenômenos passageiros, que surgem e desaparecem.

E assim, a introvisão do anatta, da ausência do eu, se desenvolve a partir da aceitação de si mesmo. Um eu saudável e um eu vazio não são contraditórios; eles apenas parecem sê-lo porque usamos a mesma linguagem para descrever duas coisas totalmente diferentes. Todo o caminho da meditação trata da compreensão de que o eu como entidade imutável é uma ficção, uma ilusória construção mental. Mas para perceber essa verdade, precisamos do tipo de equilíbrio a que a psicologia ocidental se refere quando fala de um ego forte. Sem qualidades de equilíbrio e de força mental, é impossível ver que não existe um eu único e imutável que é o sujeito da experiência. Portanto, podemos afirmar, usando os dois significados da palavra, que para abrir mão do ego primeiro é preciso desenvolvê-lo.

PERSONALIDADE E TRANSFORMAÇÃO

O que chamamos de personalidade é o conjunto de padrões habituais de pensamento, de sentimento e de comportamento que foram condicionados no decorrer da nossa vida. Pela minha experiência, tanto com meus mestres do Dharma como com os discípulos, não existe um tipo de personalidade Dharma; a prática não faz com que a nossa personalidade se torne assim ou assim. Alguns praticantes são muito objetivos, ao passo que outros são passionais. Alguns são leves e bem-humorados, ao passo que outros são sérios e taciturnos. Encontramos todo tipo de pessoas praticando nesse caminho. Essa pode ser uma notícia boa ou ruim para você, mas muitos aspectos da nossa personalidade parecem ser compatíveis durante toda a nossa prática.

Uma divertida história dos tempos do Buda exemplifica essa compatibilidade. Um grupo de monges, que já eram arhats, ou seja, iluminados, estava caminhando pela floresta. Quando chegaram a um riacho, todos os monges atravessaram a água caminhando com grande decoro, com exceção de um deles, que simplesmente arregaçou as vestes, correu para conseguir um impulso maior e pulou até a outra margem.

Os outros monges ficaram irritados – na medida em que seres iluminados *podem* ficar irritados. Eles procuraram o Buda e se queixaram do comportamento indecoroso do colega. Afinal de contas, supunha-se que ele também era uma pessoa totalmente iluminada. O Buda sorriu e disse que aquele monge fora um macaco durante quinhentas vidas passadas. Saltar sobre o riacho simplesmente expressava sua personalidade depois de todas aquelas vidas de condicionamento.

Aliás, pode-se constatar que esta história tem interessantes implicações para uma teoria budista da evolução dos indivíduos que é complementar à evolução das espécies de Darwin.

Apesar dessa continuidade do comportamento da personalidade, também há dimensões de mudanças profundas. À medida que nos aprofundamos na prática, começamos a nos relacionar de modo diferente com as características da nossa personalidade. Em vez de nos atermos tão intensamente a ela e de nos identificarmos com a nossa identidade, nosso condicionamento de personalidade passa a ocorrer num campo muito mais amplo. As formas particulares de personalidade ainda podem se manifestar, mas elas tendem a ser menos "pessoais".

A prática traz consigo uma sintonização com os aspectos de maior sutileza da energia que se manifesta em todos os níveis: pensamento, emoção, corpo. Nós realmente começamos a sentir coisas de um modo mais completo do que quando nossa mente está dispersa e distraída. O resultado é uma espécie de paixão na ausência da paixão. Neste sentido, a ausência da paixão não significa a inexistência da emoção;

significa que não estamos mais tão identificados. Deixamos de criar um forte sentimento de "eu" nas emoções, nos pensamentos, nas sensações do corpo. As coisas continuam acontecendo, mas acontecem num campo muito mais amplo de conscientização porque ele deixou de ser tão limitado pelo sentimento do eu.

À medida que a prática se desenvolve e que a sabedoria e a compaixão aumentam, uma transformação do caráter começa a acontecer no arcabouço de nossas personalidades. Os padrões prejudiciais ou impensados de comportamento desaparecem, e cada um de nós, no seu próprio estilo, manifesta cada vez mais um maior cuidado. Graças à ação transformadora do Dharma, nossos padrões de pensamentos, nossas emoções e nosso comportamento ficam muito mais fluidos e maleáveis do que quando vivíamos na ausência da conscientização.

A grande maioria das pessoas acredita que somos os pensamentos que passam pela nossa mente. Espero que não seja assim porque, se for, estamos metidos em grandes problemas! Esses pensamentos que passam claramente foram condicionados por alguma coisa: por eventos da nossa infância, pelo ambiente, pelas vidas passadas ou até mesmo por alguma coisa que tenha ocorrido dois minutos antes.

A qualidade do nosso caráter, e de fato toda a questão da nossa liberdade ou da falta dela, depende das escolhas que fazemos com relação a esses pensamentos. É aqui que a atenção total nos dá tanta força e liberdade, porque nos proporciona a possibilidade de não agirmos cegamente, ou pela força do hábito, com relação à energia de todos esses pensamentos que aparecem sem ser convidados. Em vez disso, ela nos dá condições de fazer escolhas sábias.

Mesmo se fizermos escolhas erradas no passado, no momento do despertar para a possibilidade da atenção total e da ação correta, nesse momento ocorre o que poderíamos chamar de uma mudança de caráter.

Uma história dos tempos do Buda exemplifica até que ponto o caráter depende das condições e como podemos escapar desse condicionamento através da atenção total. Um jovem e inteligente discípulo da época do Buda foi estudar com um mestre famoso e logo se tornou de longe o mais brilhante de todos os discípulos dele. Muitos dos seus colegas ficaram com inveja e se esforçaram para envenenar a mente do mestre contra ele. Finalmente, o mestre, temendo que esse brilhante discípulo logo tomasse o seu lugar, o expulsou, ordenando que fosse embora.

Essa injustiça deve ter despertado no jovem algum padrão muito profundo e antigo de condicionamento de ódio, de raiva e violência, e ele reagiu cegamente em função desse condicionamento. Ele prometeu que se vingaria de uma forma particularmente assustadora, criando uma guirlanda de mil dedos de mil vítimas para presentear seu mestre. Dessa forma, passou a ser conhecido como Angulimala, que significa "guirlanda de dedos". Angulimala dedicou-se com afinco a esse seu caminho muito difícil e muito violento. Ele se tornou fonte de terror em todo o reino.

Depois que Angulimala assassinou 999 pessoas, sua mãe, que resolvera ir ao seu encontro, ia caminhando pela floresta na qual ele vivia. Ele estava prestes a matá-la para completar sua guirlanda de dedos. De alguma forma, naquele momento, o Buda, que se encontrava nas proximidades, ficou sabendo do que estava em vias de acontecer e, por meio dos seus poderes psíquicos, apareceu diante do jovem. "Bem, vou conseguir o milésimo dedo deste sujeito", pensou Angulimala, e começou a correr atrás do Buda.

Apesar de o Buda estar caminhando muito lentamente, por causa dos poderes psíquicos do mestre, Angulimala não conseguia alcançá-lo, por mais que corresse. Finalmente, Angulimala gritou: "Pare!". E o Buda respondeu: "Eu já parei; você é que não fez isso."

Exatamente nesse momento, influenciado pela falta de medo, pela paz e pela compaixão do Buda, Angulimala parou de correr e perguntou o que ele queria dizer. O Buda lhe ensinou coisas a respeito de como deter as chamas da cobiça, do ódio e da ilusão. E Angulimala, profundamente comovido pela presença e pelas palavras do Buda, fez uma escolha diferente, que transformou seu caráter. Ele seguiu o Buda ao mosteiro, tornou-se monge e, depois de um curto período de tempo, atingiu a iluminação.

Isso significa que há esperança para todos nós.

Esta história mostra dramaticamente que todos temos diferentes sementes de condicionamento em nossa mente e como ao longo de nossa longa evolução, através de muitas vidas, fizemos tantas coisas automaticamente, reagindo às situações. Existem sementes positivas e outra que não o são. Quando as condições são favoráveis, geralmente agimos de uma maneira. Mas quando elas são desfavoráveis, freqüentemente agimos de forma totalmente diferente.

Isso pode acontecer durante vidas e mais vidas, até que a atenção total nos desperta para a possibilidade de realmente fazermos uma escolha. Neste grande poder da atenção total e da escolha está o nosso verdadeiro caráter e a nossa verdadeira força.

PSICOTERAPIA E MEDITAÇÃO

Freqüentemente, podemos confundir determinadas atividades da mente com a prática da meditação. Quanto maior clareza tivermos a respeito das diferenças entre os vários modos de pensar, tanto mais eficiente e poderosa poderá ser a nossa prática.

As pessoas às vezes se perguntam se podem usar a meditação como um período para mergulhar em antigas lembranças ou traumas, para explorar conflitos ou sentimentos específicos. Em outras palavras, a meditação pode servir como uma forma de psicoterapia? A psicoterapia tem um valor enorme, mas o caminho da meditação é diferente. Os dois modos não são opostos e não entram em conflito, podendo até, ocasionalmente, se sobreporem. Mas à medida em que nos envolvemos ou emaranhamos com o conteúdo ou com a história dos nossos pensamentos e emoções, seremos impedidos de desenvolver os tipos de introvisão que são únicos na meditação.

Muitos tipos diferentes de compreensão psicológica podem vir à luz durante a meditação, envolvendo temas como nossos pais, nossa infância, a maneira como nos relacionamos com as pessoas. Apesar de esse nível de investigação psicológica ser válido e extremamente importante, não queremos desviar a mente para essa área particular de investigação durante a prática da meditação.

Um grande número de emoções se manifesta durante a meditação. Interesse, desejo, raiva, medo, tristeza, depressão, exaltação, excitação, tédio, ansiedade, felicidade, gratidão, amor – em diferentes momentos, cada uma dessas emoções será sentida com mais intensidade. A questão básica é a seguinte: como devemos nos relacionar com o que vier à tona? Estamos nos relacionando com essas emoções pensando sobre elas ou analisando-as? Ou será que estamos nos relacionando simplesmente sentindo-as, observando-as?

Na meditação, a ênfase é dada à conscientização sem distrações: não pensar sobre as coisas, não analisá-las, não se perder numa história, mas apenas ver a natureza do que está acontecendo na mente. Uma observação cuidadosa e exata da realidade do momento é a chave desse processo como um todo.

Como nossas histórias pessoais são sempre tão fascinantes e interessantes, é de grande ajuda praticar a técnica do "agora não" durante o período reservado à meditação. Sempre que a mente fica fascinada por determinada história, diga-lhe simplesmente estas duas palavras: "Agora não." Esse método é uma forma delicada de reconhecer a presença da história e até mesmo o seu valor, ao mesmo tempo que ela é colocada de lado.

Além da necessidade de se praticar a atenção sem se envolver na história da nossa vida, existe outro importante motivo para não se usar a meditação como terapia. O processo da meditação põe a descoberto níveis muito profundos de emoções, diferentes centros energéticos no corpo e novas experiências do caráter momentâneo dos fenômenos. Às vezes, isso é muito excitante; outras vezes, pode ser muito amedrontador.

Uma das grandes ajudas nesta vasta exploração é o fato de o caminho da meditação ter um desenvolvimento orgânico. Não escolhemos o que irá surgir em nossa mente; não temos nenhum tipo de programa para tanto. Em vez disso, vivenciamos um desdobramento de etapas, uma abertura, e as coisas afloram naturalmente no momento certo para elas.

Por causa desse desdobramento natural, achamos que a atenção total na maioria das vezes é suficientemente forte para lidar com qualquer coisa que apareça. Às vezes, pode parecer que a batalha é difícil e podemos até nos perguntar se a mente será suficientemente forte para passar pelas tempestades inevitáveis. Mas como estamos participando de um processo orgânico, no qual não forçamos, nem escavamos nem escolhemos, esses diferentes padrões psicológicos surgem com um grau de aptidão que torna possível trabalhar com eles. E torna-se possível trabalhar com eles justamente por causa da nossa capacidade de apenas observá-los, de ficar com eles e de deixá-los existir sem nenhuma elaboração, sem nenhuma confusão.

Caso contrário, podemos nos envolver mentalmente com um projeto e nesse caso, a mente está disposta a lidar com um problema. Essa mentalidade pode criar uma dose maior de sensação de debate, de sensação de eu e fazer com que percamos o senso do desenrolar natural desse processo todo. Além disso, se forçarmos alguns dos temas mais importantes de nossa psique, em vez de permitir que eles surjam naturalmente, podemos nos sobrecarregar pelo que vier à tona.

Não é útil ou necessário criar uma polaridade ou um conflito entre essas duas áreas ou níveis mentais, o meditativo e o psicológico. O domínio psicológico da compreensão é de grande importância para nossas vidas e fornece um valioso complemento ao que aprendemos na meditação. E existem muitas técnicas de investigação psicológica que podem servir melhor que a meditação à finalidade de uma compreensão mais profunda. Quando estamos investigando nossos padrões psicológicos, deveríamos usar os instrumentos mais apropriados para esse trabalho.

A finalidade da prática disciplinada da meditação é a de estabilizar a conscientização e de abri-la para a natureza essencial da mente. Assim que começamos a meditar, quando estivermos realmente enxergando o surgimento momentâneo e passageiro dos fenômenos e a natureza da própria consciência, não estaremos lidando de modo tão explícito com o conteúdo específico do nosso condicionamento. Pelo contrário, estaremos mais sintonizados com a natureza transitória e sem identidade dos fenômenos. Dessa forma, poderemos nos aprofundar muito na nossa prática e até atingir níveis de genuína realização.

Mas esses momentos de despertar podem não resolver tudo. Na maioria das vezes, encontramos outra tarefa totalmente diferente: a de integrar nossas novas introvisões e a consciência em todas as outras áreas da nossa vida, incluindo o setor psicológico. Apesar da nossa profunda introvisão, podemos ver padrões no nível de conteúdo que afetam negativamente nossos relacionamentos, nossa vida e que poderemos explorar vantajosamente para tornar a vida mais fácil para nós mesmos e para os que nos cercam. Até os mais experientes em meditações profundas podem sentir a necessidade de trabalhar produtivamente no nível psicológico.

Portanto, pode ocorrer um maravilhoso relacionamento entre esses dois níveis da mente. Quanto mais lucidez e maturidade tivermos no nível psicológico, tanto mais fácil é acomodar-se no processo da meditação, simplesmente observando o surgimento e o desaparecimento da experiência, porque deixamos de nos prender tantas vezes no debate com os conteúdos, com os conflitos emocionais.

Inversamente, quanto mais introvisões tivermos no processo da meditação, tanto mais fácil será retornar e trabalhar o conteúdo psicológico sem sofrer muitos entraves. Os nós psicológicos se desatam mais facilmente porque observamos o vazio e a ausência essencial do eu em todas as coisas.

Há alguns anos eu me envolvi na terapia junguiana, que exige muita análise dos sonhos. À medida que a terapia avançava, comecei a explorar mais o lado escuro e sombrio da minha mente e do meu coração. Duas grandes introvisões ocorreram nesse período e, apesar de ambas serem óbvias intelectualmente, são difíceis de serem vivenciadas na prática.

A primeira introvisão é a constatação de que somos um pacote formado por muitas qualidades diferentes. Eu vi claramente que tenho forças e fraquezas, qualidades relacionadas com a perícia e com a imperícia. O conjunto de todas elas forma o pacote "Joseph". Cada um de nós é formado assim. A segunda constatação foi que não preciso julgar ou mudar o condicionamento. Perceber que posso aceitar o pacote todo foi algo extremamente libertador.

A terapia implicava examinar diretamente e explorar o conteúdo

120

particular do meu condicionamento. Mas a atitude de simplesmente aceitá-lo melhorou em função de minha prática na meditação. Ficamos sentados, observando, e aprendemos a aceitar o que vemos porque compreendemos que o que quer que surja não é o ser. Não é "eu"; não é algo que pertença a alguém; é apenas condicionamento. Portanto, não precisamos nos ater a essa coisa e nem nos identificar com ela. Nem sequer precisamos modificar qualquer coisa, porque a aceitação e a conscientização nos dão a oportunidade de fazer escolhas, de agir em relação às coisas relacionadas com a perícia e de simplesmente abandonar as outras.

Eu considero a psicoterapia e a meditação como sendo complementares, se bem que distintas. Considerar a distinção é de grande ajuda, principalmente num retiro, porque assim não precisamos passar muito tempo perdidos num conteúdo, por mais interessante que ele possa ser.

A MENTE IOGUE

Se você acha que as doenças mentais só acontecem com outras pessoas, você deveria examinar melhor a vida da sua mente. Quando observamos atentamente a nossa mente em meditação, descobrimos que aquilo que chamamos de doença mental é apenas uma manifestação extrema de algo que acontece com todos nós.

Há alguns anos eu estava fazendo um retiro de um mês de duração no meu quarto na Insight Meditation Society. Depois de mais ou menos uma semana, comecei a ouvir conversas através da tubulação do sistema de aquecimento. Achei que, de certa maneira, essas conversas estavam vindo através dos canos da cozinha até o meu quarto, que ficava do outro lado do prédio. Acreditei que as conversas giravam em torno de um casal de amigos meus. Pensei ter ouvido que o marido matara a mulher e que ninguém queria me contar o caso para não perturbar minha meditação. Essas conversas chegavam diariamente até mim através dos canos. A situação piorou a tal ponto que cheguei a descer e a interpelar a equipe da cozinha. "Por que ninguém quer me contar as coisas?" Tudo parecia ser tão real!

Chamamos esse desequilíbrio ilusório de "mente iogue". Pessoas que meditam em retiros às vezes vivenciam tão intensamente uma identificação com pensamentos e sensações que acabam perdendo toda noção de perspectiva. Steven Smith, um amigo e colega, contou-me outro maravilhoso caso de mente iogue. Ele e sua mulher, Michele, estavam fazendo um retiro de meditação na Austrália. No quarto que ele ocupava havia duas portas abrindo para lugares diferentes. Uma delas se abria para um salão maior, onde os participantes do retiro freqüentemente realizavam meditações em caminhadas.

Certa noite, Michele entrou para conversar com Steven e ele por acaso lhe perguntou por que ela não entrara pela porta que normalmente usava. Nesse exato momento, um dos participantes entrara no salão adjacente e ouvira Steven dizendo: "Por que você usou esta porta?" Isso ocorreu às dez da noite. Às quatro da manhã, o iogue entrou no quarto de Steven, acordou-o e disse: "Por que você me perguntou aquilo da porta?" Durante a noite inteira, a mente dele ficara obcecada por saber por que deveria ou não ter usado aquela porta.

Você pode ver como é importante reconhecer a mente iogue, nos casos mais óbvios, como acontece em retiros, e nos muitos exemplos mais sutis disso na nossa vida cotidiana. Sempre que você não consegue deixar um pensamento ou uma emoção inapropriada ir para a situação atual, e quando a identificação com o pensamento é intensa e obsessiva, o reconhecimento do fenômeno como mente iogue ajuda você a sair dele mais depressa do que conseguiria normalmente. Nossa mente pode facilmente se prender às suas próprias projeções. Compreender como nos prendemos pode representar a diferença entre a prisão e a liberdade mental.

Essa identificação obsessiva realmente não é tão diferente de uma doença mental e pode realmente levar ao surgimento de distúrbios mentais bastante graves. Quando nossa mente se identifica compulsivamente com determinados pensamentos e sensações, ela fica viciada.

Nestas ocasiões, não há a capacidade de não nos identificarmos com os pensamentos ou com as sensações, e, conseqüentemente, nossa mente não goza da grande proteção da atenção total. Somos lançados num redemoinho de pensamentos e emoções, sem nenhum lugar onde possamos descansar ou aliviar esse estado.

A identificação também pode obstruir nossa comunicação com os outros. Identificamo-nos com um ponto de vista e isso resulta em raiva, em atitudes de defesa ou de agressão na comunicação. O problema não é o conteúdo do que estamos dizendo, mas a forte identificação com o conteúdo. Quando a atenção não é total e existe um forte sentimento de adesão, a identificação com nossas opiniões cria polaridades.

Portanto, parece ser útil não imaginar que a doença mental só ocorre com outras pessoas. Todos sentimos essa aflição de uma ou de outra forma, e a meditação pode ser o instrumento graças ao qual recuperamos a saúde mental.

CINCO

AUSÊNCIA DO EU

O ARADO

O aspecto mais intrigante dos ensinamentos do Buda é a idéia e a experiência do não-eu. Isso dá margem a muitas questões: se o eu não existe, na prática, quem faz os esforços, quem renasce, quem tem lembranças, quem se irrita, quem se apaixona? Qual é o significado do "não-eu"?

Freqüentemente, as pessoas temem essa idéia, talvez imaginando que irão desaparecer no vazio. Mas a compreensão profunda do não-eu é a grande jóia dos ensinamentos do Buda; é o coração de uma mente livre. Um monge de Sri Lanka certa vez expressou isso de forma muito sucinta: "Sem o eu, não há problemas."

À medida que a atenção total se intensifica, começamos a nos abrir para esse modo radicalmente transformador de compreender a nós mesmos e o mundo. Descobrimos que não somos quem pensávamos ser. Não somos o nosso corpo, nem os nossos pensamentos ou emoções. Descobrimos que a totalidade do conceito do ser, do "eu", é apenas isto: um conceito, uma criação mental.

Mas se realmente não existe o "eu", o ego, por que a grande maioria das pessoas acredita na sua existência? Se perguntarmos a qualquer homem ou mulher na rua: "Existe um eu? Existe um ser?" Quase todas as pessoas responderão: "É claro que sim." De onde vem essa crença firme e geralmente não questionada? Nossa tarefa é a de compreender como a mente cria essa idéia profundamente condicionada do eu e depois ver como podemos nos livrar do poder dessa grande ilusão.

A mente é a faculdade do saber, do conhecer. Quando a examinamos, constatamos que é invisível, clara, lúcida e naturalmente pura. A mente conhece todas as manifestações dos sentidos e os diferentes objetos mentais, como pensamentos e emoções. Ela simplesmente conhece. Imagine um cadáver no chão, com muito barulho à sua volta. O corpo está lá, os ouvidos estão lá, mas não ouvem. Por quê? Porque a mente, a faculdade do saber, está ausente. A consciência é o mistério quotidiano mais profundo de nossas vidas.

A mente também é mais do que apenas saber. A cada momento, várias qualidades mentais surgem com o saber e o modificam de muitas maneiras diferentes. Cobiça, ódio, amor, atenção bondosa, concentração, vaidade, desespero, compaixão são apenas alguns exemplos desses fatores mentais. Cada um deles tem seu próprio sabor. Alguns são saúdaveis, e nos trazem felicidade; outros não o são, e trazem sofrimentos. Portanto, existe a pureza e a clareza natural da consciência, do saber, e uma grande variedade de fatores mentais que surgem e passam em diferentes momentos.

Um fator particular da mente com freqüencia escapa ao equilíbrio e nos mantém presos à idéia convencional do eu. Trata-se do fator da percepção, cuja função é a de reconhecer as aparências fixando-se nas suas características distintivas e, depois, armazenando-as na memória através do uso de conceitos. *Mulher*, *homem*, *árvore*, *automóvel*, *cidade*, *oceano* são apenas alguns poucos exemplos das inúmeras coisas que reconhecemos através da percepção.

Quando a percepção surge juntamente com a atenção total, o reconhecimento superficial serve como moldura para o aparecimento de uma observação mais profunda e cuidadosa. Mas quando a percepção funciona sem a atenção total, reconhecemos e lembramos apenas da aparência das coisas.

Uma historinha serve para exemplificar como podem ser limitantes os nossos conceitos familiares. O filho de um amigo freqüentava o primeiro ano primário quando a professora perguntou à classe: "Qual é a cor das maçãs?" Quase todas as crianças responderam "vermelha". Algumas disseram "verde". Kevin, o filho do meu amigo, levantou a mão e disse: "branca". A professora tentou explicar que as maçãs podem ser vermelhas, verdes, às vezes até douradas, mas nunca brancas. Kevin insistia na sua resposta e, finalmente, disse: "Olhe dentro delas." A percepção sem a atenção total nos mantém na superfície das coisas e freqüentemente acabamos perdendo outros níveis da realidade.

Uma percepção profundamente condicionada que temos a respeito de nós mesmos e do mundo é incorreta e nos leva a muitas conclusões erradas. Ela nos impede de compreender o que é verdadeiro. Trata-se da percepção da solidez básica das coisas. Em seu livro *Crazy Wisdom*, Wes Nisker escreve o seguinte:

> Nossa linguagem se comporta como se a realidade fosse sólida. No nível mais simples, ela posiciona um sujeito e um objeto, que consideramos como sendo reais, em lados opostos de um verbo, que consideramos como sendo menos real. É possível que a linguagem dos índios Hopi reflita melhor as leis da natureza. Para os Hopi, os substantivos são verbos. É inerente à linguagem deles que todas as coisas ajam reciprocamente ou façam parte de um processo.
>
> Muitos físicos também nos dizem que tudo é ação. Mesmo assim, nossa linguagem continua acumulando coisas "estáticas", deixando-nos presos à ilusão da solidez.

Enquanto continuarmos presos a essa ilusão, não conseguiremos ver claramente ou compreender a natureza impermanente e insubstancial dos fenômenos momentâneos. Apesar de podermos conhecer a verdade da mudança intelectualmente, para que ela transforme nossa compreensão precisamos vivenciá-la em nós mesmos.

Por que temos essa percepção de solidez? Por que ela está tão profundamente condicionada como a nossa visão da realidade? Essa alucinação é decorrente da grande rapidez dos fenômenos mutáveis. Quando vamos ao cinema, não conseguimos enxergar os diferentes fotogramas do filme. Eles se movimentam depressa demais para serem notados, e assim continuamos na ilusão das aparências, deixando de ver como se dá a magia. Obviamente, num cinema a idéia básica é justamente isso; freqüentamos as salas escuras especificamente por causa da ilusão. No entanto, quando deixamos de ver a realidade da nossa vida, isso tem conseqüências bem mais sérias e de longo alcance.

A percepção da solidez também é decorrência de se observar as coisas a distância. Quando olhamos para um objeto comum, como uma cadeira ou uma mesa, ele parece ser bastante sólido. No entanto, se colocarmos o mesmo objeto sob um possante microscópio, surgem mundos completamente novos. Quando olhamos para árvores a distância, vemos apenas uma massa não diferenciada de cor. Mas, quando nos aproximamos delas, podemos distinguir cada uma das folhas, e até mesmo pequenas partes distintas dessas folhas.

Como geralmente não observamos os fenômenos com muita atenção, acabamos nos satisfazendo com uma impressão superficial, que não revela a natureza composta de todos os fenômenos. Por exemplo, qual é a sensação que você tem do seu corpo? Você se relaciona com ele como sendo composto por muitos diferentes órgãos, energias e sistemas, ou você apenas o considera como sendo algo sólido que você chama de "corpo" e depois alega ser "seu"?

Quando observamos atentamente o corpo, o conceito "corpo" desaparece. Passamos a vivenciá-lo como um mundo de elementos em mutação. Você pode fazer uma experiência muito simples para verificar este fato. Basta que você movimente o dedo indicador muito lentamente, sentindo cuidadosamente as pequenas sensações do movimento. Será de grande ajuda se você fizer isto sem olhar para a mão. À medida que você continua movimentando o dedo para cima e para baixo, concentrando-se nas sensações, o que acontece com a idéia "dedo"? Ela desaparece. Quando você permanece na consciência da sua experiência, o conceito desaparece, e você conhece as verdadeiras sensações em mudança.

Quando a percepção é mais forte do que a atenção total, reconhecemos várias aparências e criamos conceitos como "corpo", "automóvel", "casa" ou "pessoa" para descrever essas realidades aparentes. Depois, passamos a considerar esses conceitos como sendo coisas realmente existentes e começamos a viver no mundo dos conceitos, perdendo de vista a natureza subjacente e insubstancial dos fenômenos.

Exatamente da mesma forma, não examinando cuidadosamente a natureza composta do que chamamos eu, aderimos ao conceito e acreditamos que ele tenha alguma existência inerente. Deixamos de perceber que, na verdade, somos uma constelação de elementos em rápida mutação. A vida é um processo de vir-a-ser, um processo que envolve condições que surgem e desaparecem; não é algo que aconteça a alguém. Não existe alguém a quem a vida aconteça.

Numa noite clara, vá para fora, olhe para o céu e veja se consegue encontrar o Arado, aquele grupo de sete estrelas na constelação da Ursa Maior. Para quase todas as pessoas é um conjunto familiar de estrelas, facilmente localizável entre as demais. Mas será que realmente existe um Arado lá no céu?

Não existe um Arado lá. O "Arado" é apenas um conceito. Seres humanos olharam, registraram um determinado padrão e depois criaram um conceito na nossa mente coletiva para descrevê-lo. O conceito é útil porque nos ajuda a reconhecer a constelação. Mas ele também tem um outro efeito, bem menos útil. Criando o conceito "Arado", separamos essas estrelas das demais, e depois, se nos atemos à idéia dessa separação, perdemos o senso da totalidade do céu noturno, da sua unidade. Será que essa separação realmente existe no céu? Não. Nós a criamos através do uso do conceito.

Será que alguma coisa muda no céu quando compreendemos que não existe um Arado? Não. As estrelas continuam exatamente as mesmas e o padrão das estrelas também continua o mesmo. Nós simplesmente vemos que o conceito que dá nomes a padrões de estrelas, e que separa algumas das demais, não tem nenhum tipo de existência independente.

Da mesma forma, compreender que o "eu" é um conceito revoluciona a nossa compreensão revelando como as coisas sempre foram. Cada um de nós é uma constelação de processos mentais e físicos. Reconhecemos o padrão familiar, damos-lhe um nome e depois ficamos tão identificados com o conceito que acreditamos que algum ser realmente existe. "Joseph" é tal como o "Arado". "Joseph" é um conceito, um nome dado a um certo padrão de elementos, tal como o Arado é um nome dado a um padrão de estrelas.

Nossa prática consiste em despertar da ilusão de confundir os conceitos com a realidade, para que possamos viver numa clara conscientização de como as coisas realmente são. A libertação dessa adesão aos conceitos deveria ser uma coisa fácil... mas não é. Numa noite clara e estrelada, olhe calmamente para o céu e verifique se é possível *não* ver o Arado. Temos dificuldade para não vê-lo por causa dos fortes hábitos condicionados do reconhecimento.

Obviamente, necessitamos de conceitos, e em muitas situações eles são de grande utilidade. Usamos vários conceitos como designações convenientes, mas se compreendermos que as palavras não se referem a "coisas" concretas que têm existência independente, então poderemos usá-las mais livremente. Problemas surgem apenas quando nos esquecemos de que esses conceitos são criação da nossa mente e quando lhes imputamos uma realidade que não lhes é inerente.

A meditação nos ajuda a ver com atenção apenas o que existe. Poderemos continuar usando conceitos quando for apropriado sem que percamos o contato com a realidade que existe por trás deles. Aprendemos a olhar para o céu com uma mente clara e silenciosa; aprendemos a olhar para nós mesmos com essa mesma clareza e esse mesmo silêncio.

Kalu Rinpoche, um dos grandes mestres tibetanos de meditação deste século, escreveu:

> Você vive na ilusão e na aparência das coisas. Existe uma Realidade. Você é a Realidade. Mas você não sabe disso. Se você despertar para essa Realidade, saberá que não é nada e, sendo nada, você é tudo. E só isso.

NASCIMENTO DO EGO

Enquanto o apego ao conceito cria a crença no "eu", outro processo totalmente diferente provoca o sentimento do "eu". Mesmo quando começamos a perceber a natureza composta da nossa experiência, a compreender que não existe a presença metafísica que podemos chamar de "eu", continuamos tendo o forte hábito de nos identificarmos com vários elementos da experiência em mutação. E é justamente esse processo da identificação que dá origem ao nascimento.

Quando nos identificamos com pensamentos que nos ocorrem, quando nos perdemos neles, quando somos presas deles, temos a sensação de: "Estou pensando" ou "Estes são os meus pensamentos". Esse processo de identificação ocorre com pensamentos, sensações, emoções ou imagens. As próprias experiências simplesmente aparecem e desaparecem, não pertencendo a ninguém, mas, no momento em que nos identificamos com elas, criamos uma idéia do eu, uma grande alucinação.

Apesar de nos termos habituado profundamente a essa ilusão, através da prática da conscientização clara permitimos que o processo de conhecermos diferentes experiências se desenvolva de modo espontâneo. A cada momento, o poder da atenção total livra a mente da limitação da identificação. Um pensamento surge; ele aparece e some. Ele não me pertence; é apenas um fenômeno sem ninguém por trás dele. Se momento após momento permanecermos neste lugar de não-identificação, de vazio do eu, estaremos num lugar de liberdade.

À medida que a conscientização se torna mais forte, aprendemos com a nossa experiência direta que cada uma destas aparições surge e passa. A cada momento, algum objeto – imagem, som, cheiro, sabor, sensação, pensamento – aparece e é reconhecido. Quando observamos esse nível de impermanência, começamos a compreender que esses objetos que vêm à tona e que somem rapidamente não são o "eu", não são o ser; por isso os vemos desaparecer no exato momento em que os percebemos. Eles simplesmente não têm continuidade suficiente para compor um "eu". Inversamente, por não vermos a natureza momentânea dos fenômenos, por não vermos a verdade dessa natureza em mutação, uma visão errada se instala e afirma: "Sim, essa experiência sou eu, é isso o que eu sou."

Preste muita atenção aos instantes em que sua mente está perdida em pensamentos, criando dramas completos através do processo da identificação. Em seguida, perceba aqueles momentos em que a "vigilância atenta" está muito em destaque e você simplesmente vê os pensamentos vindo e indo. Existe uma diferença considerável entre essas duas visões interiores de mundo e a limitação ou amplidão que criam no nosso consciente. No momento da conscientização natural, quando se percebe o surgimento e o desaparecimento dos fenômenos, não existe identificação, não existe eu.

SEM PÁRA-QUEDAS, SEM CHÃO

Compreender o "não-eu" não é algo decorrente da destruição daquilo que chamamos "eu" ou "ego". O grande despertar ou descoberta do Buda revelou que não existia o ser, não existia um eu permanente. Portanto, nada há de que tenhamos de nos livrar quando a compreensão da ausência do eu simplesmente vem da conscientização cuidadosa do que realmente está acontecendo a cada momento.

Não leva muito tempo para conseguir uma idéia inicial de que as aparências que surgem na consciência não são eu, porque vemos como elas, constantemente, estão aparecendo e sumindo. Uma identificação sutil, no entanto, ainda pode ocorrer com a própria faculdade do conhecimento: "Eu sou aquele que está conhecendo todos esses objetos em mutação." Podemos acreditar que o conhecer é eu, é ser. Como o conhecer, ou a consciência, é muito mais sutil que outros objetos que surgem, em princípio você poderá achar difícil perceber isso. Mas, à medida que a segurança, o silêncio e a lucidez da mente aumentarem, poderemos atentar para a conscientização.

Em determinados estágios da prática da meditação fica claro que a própria conscientização é um processo em mutação. Essa descoberta pode causar abalo, porque durante muito tempo nos identificamos com a faculdade do saber como sendo essencialmente o que somos, considerando-a a nossa alma, o nosso eu, o nosso centro. E agora vemos que essa faculdade, assim como todos os outros fenômenos, continuamente surge e desaparece.

Imagine que você saltou de um avião e caiu em queda livre durante os primeiros minutos. Imagine a sensação de liberdade, de excitação. Mas depois você percebe que não tem pára-quedas e entra em pânico enquanto continua caindo. Caindo, caindo, caindo, apavorado pelo fato de não ter pára-quedas... até que chega um momento em que você percebe que não existe chão! Nesse instante da compreensão, você simplesmente sente o prazer da experiência.

Freqüentemente, passamos por uma seqüência emocional semelhante na prática da meditação. À medida que a nossa identificação com as coisas diminui, e que vemos como as coisas mudam rapidamente, a princípio pode ocorrer uma verdadeira excitação, um sentido maior de amplitude. No entanto, sentimentos de pânico podem surgir quando percebemos que nada existe a que possamos nos agarrar. Tanto os objetos da consciência como a faculdade de conhecê-los estão continuamente caindo, feito a água de uma cachoeira. Compreendemos agora, num nível mais profundo, que nada a que nos agarramos em busca de segurança realmente nos proporcionam o que buscamos. Mas, continuando com a prática, surge a iluminação: não existe chão onde cair nem *alguém* que possa cair sobre ele – apenas fenômenos que se sucedem continuamente. Sentimos, então, o grande alívio do nos soltar, a profunda sensação de equanimidade e a alegria do bem-estar.

CHEGANDO AO ZERO

O Buda fez um breve discurso que expressa de forma muito sucinta a introvisão da ausência de eu: "Sempre que você vir uma forma, apenas veja; sempre que ouvir um som, apenas ouça; quando cheirar um aroma, apenas cheire; quando sentir um sabor, apenas sinta; quando vivenciar uma sensação física, apenas sinta; e, quando um pensamento lhe ocorrer, deixe que ele seja apenas um fenômeno natural surgindo na mente. Quando é assim, não existe o eu, não haverá movimentação para cá e para lá e não haverá uma parada em algum lugar. Esse é o fim do dukkha, o fim do sofrimento."

Qual é o significado desse ensinamento básico? A cada momento existe apenas a experiência que surge, e a sensação do "eu", ou "ser" ou "mim" ou "meu", é apenas algo que acrescentamos a ela. Quando dizemos "meu pensamento" ou "eu estou pensando", o "meu" ou o "eu" é um elemento que foi acrescentado; eles não pertencem ao pensamento.

À medida que essa compreensão do não-eu se desenvolve na prática, passamos a sentir que o fluxo dos fenômenos se desenrola por conta própria. Ninguém está fazendo coisa alguma; tudo simplesmente acontece. Vemos mais profundamente a natureza vazia e insubstancial dos fenômenos. A aparição de um belo arco-íris exemplifica este significado de vazio. Vemos um arco-íris no céu e sentimos um momento de emoção. No entanto, num outro nível, uma "coisa" chamada arco-íris não existe na realidade. Trata-se de uma aparição devida a determinadas condições que estão continuamente se transformando. Será que podemos viver simultaneamente nesses dois níveis, atuando no mundo das aparências com a sabedoria libertadora do vazio?

O momento da aceitação do não-condicionado, o nirvana, confirma mais profundamente o vazio libertador do eu. Nesse momento, chegamos ao zero. O zero talvez seja o mais poderoso de todos os números: ele nada acrescenta e tudo transforma. Não é uma coisa, mas também não é um nada. Chegar ao zero nos faz ultrapassar a realidade do eu.

A partir dessa compreensão da ausência do eu ocorre uma profunda ligação com tudo. Não precisamos nos apoiar em determinadas formas de relacionamento para sentir proximidade, porque não existe mais a separação. Não existe ninguém para ser separado. O autor Wei Wu Wei expressou essa mesma idéia em relação à humanidade: "A verdadeira humildade é a ausência de alguém para sentir orgulho." A humildade não é uma posição; é simplesmente a ausência do eu. Da mesma forma, o relacionamento é a ausência da separação, e pode ser sentido com cada respiração, com cada sensação, com cada pensamento, com cada nuvem no céu, com cada pessoa que encontramos. "E, sendo nada, você é tudo. É só isso."

ÊXTASE E VAZIO

O êxtase pode significar várias coisas e pode ser conseqüência de causas diferentes. No decorrer da prática da meditação, sentimentos de êxtase muitas vezes inundam a nossa consciência quando nossa mente é pura, brilhante e luminosa. Apesar de poderem ser sentimentos maravilhosos, eles surgem devido a determinadas condições e, inevitavelmente, tornarão a desaparecer.

Existe outro tipo de êxtase. Ele resulta da sabedoria do vazio, de se ver a natureza impermanente e insubstancial de todos os fenômenos, onde não existe apego a nada, onde não existe o medo. Nessa experiência, formamos uma unidade com o processo vital. Essa unidade é muito sutil, porque é a unidade de transformar-se em zero. Ela foi expressa de maneira muito bonita pelo poeta chinês Li Po:

Estamos sentados juntos, a montanha e eu, até que reste somente a montanha.

SEIS

KARMA

A LUZ DO MUNDO

O desenrolar da nossa vida tem início na mente. O Buda disse: "A mente é a precursora de todas as coisas." O que é essa mente, a partir da qual tudo se desenvolve?

Quando examinamos de modo objetivo a mente, nós a vemos como algo dinâmico, em contínua mudança, condicionada e recondicionada por todas as diferentes qualidades mentais que aparecem e desaparecem – qualidades como amor, medo, raiva, alegria, bondade, ignorância e muitas outras. Às vezes, essas qualidades trabalham harmoniosamente entre si, e outras vezes nossa mente parece estar participando de uma Guerra nas Estrelas de fatores mentais.

Vipassana significa ver as coisas claramente, como elas são. Graças à análise da meditação, percebemos de modo imediato e íntimo quais qualidades da mente são precursoras do sofrimento e quais nos conduzem rumo à liberdade. Essa compreensão deixa de ser um conhecimento de segunda-mão; nós a compreendemos diretamente para nós mesmos. Isso significa passar a ver tanto o que está acontecendo no momento como as leis que governam todo este processo vivo de desenvolvimento.

Segundo os ensinamentos do Buda, um aspecto da compreensão correta é a sabedoria subjacente essencial de que as ações positivas e negativas sempre produzem seus respectivos resultados. Essa compreensão forma a base de todo o Dharma. Ela é a fonte decisiva para qualquer tipo de felicidade. Quando adquirimos esta sabedoria básica – que as ações do corpo, da fala e da mente nos conduzem a algum lugar, que elas são a condição para diferentes tipos de resultados – conquistamos a possibilidade extremamente importante de tomar decisões sábias.

Escolhemos com sabedoria simplesmente cultivando a capacidade de olhar com honestidade para nós mesmos, para o nosso pacote particular de qualidades, tanto positivas como negativas. A escolha é expressa quando praticamos o deixar ir, o abandono, não agindo em função de pensamentos e sentimentos negativos, percebendo com sabedoria que eles trarão infelicidade para nós e também para os outros. Da mesma forma podemos escolher agir em função dos pensamentos e sentimentos positivos, percebendo com sabedoria que isso trará consigo resultados felizes. Por causa dessa compreensão básica correta de que as ações sempre produzem resultados, podemos realmente criar a nossa vida, em vez de sermos sacrificados ou agrilhoados por padrões de condicionamento.

Como é que essa modelagem da nossa vida funciona na prática? Quando sabemos, por exemplo, que a cobiça não é conseqüência da perícia, que ela traz infelicidade, então pensamentos de deixar ir, de renúncia e de generosidade começam a surgir na nossa mente. Desses pensamentos vêm sentimentos de amor, bondade, compaixão e alegria, sentimentos de querer beneficiar os outros, de remover seus sofrimentos e de usufruir a felicidade deles.

Graças à compreensão de que a cobiça não é conseqüência da perícia e dos pensamentos e sentimentos que seguem essa compreensão, nos tornamos menos centralizados no eu em nossas vidas, e esses pensamentos e sentimentos, depois, se tornam condição para ações de generosidade e de serviço. Os atos de um coração generoso fortalecem ainda mais os sentimentos de amor e compaixão, libertando nossa mente do sofrimento causado pela avareza, pelo egocentrismo e pelo orgulho. Graças a essa seqüência natural de acontecimentos, nos tornamos mais felizes.

Para nós, é fácil compreender o papel das leis físicas naturais, tais como a lei da gravidade ou as leis da termodinâmica. O Buda constatou que também existe uma lei moral natural funcionando, influenciando as experiências da vida. Ele a chamou de lei do karma, que é apenas essa compreensão de que as ações provocam resultados. Esse princípio é encontrado em muitas tradições espirituais. Talvez o exemplo mais comumente reconhecido disso para nós, ocidentais, seja o ensinamento bíblico de que colhemos o que semeamos.

O Buda identificou o karma como uma atividade da vontade. Ou seja, cada vontade na mente é como uma semente dotada de um enor-

142

me potencial. Da mesma forma que o menor dos frutos do carvalho contém em si o potencial para o desenvolvimento de uma árvore enorme e frondosa, cada uma das nossas ações realizadas pela vontade contém a semente de resultados kármicos. O resultado particular depende sempre das qualidades mentais associadas a cada vontade. A cobiça, o ódio e a ilusão são qualidades negativas, que produzem frutos de sofrimento; por outro lado, a generosidade, o amor e a sabedoria são fatores positivos, que resultam em frutos de felicidade.

O Buda chamou a compreensão dessa lei do karma, a lei da ação e do resultado, de "a luz do mundo", porque lança luzes sobre como a vida se desenvolve e explica os motivos pelos quais as coisas são como são. A sabedoria dessa compreensão nos dá a liberdade de fazer escolhas sábias em nossa vida.

O KARMA EVIDENTE

O Buda foi muito direto quando alertou que, se você pensar demais sobre o karma, acabará enlouquecendo. Ele é excessivamente amplo. Somente um Buda é capaz de compreender sua amplitude e seus intrincados detalhes. Como é que você e eu poderíamos ser capazes de compreender como algo ocorrido há cinco vidas provoca resultados na vida atual? A mútua ação entre as causas e os efeitos na nossa existência é complexa, sutil e ampla. Por esse motivo, a lei do karma não é apenas, como acredita a cultura popular: "Você faz isso, e aquilo acontece."

Mesmo assim, existem maneiras óbvias e comuns através das quais podemos começar a compreender o karma. Muitas vezes podemos vivenciar resultados bastante imediatos. O que acontece quando a sua mente está cheia de uma variedade de estados mentais ou emoções? Como você se sente quando está tomado de alegria? Ou cheio de raiva? Quando sentimos essas coisas, estamos recebendo um retorno kármico imediato: o estado mental condiciona nossa experiência atual.

Além dos sentimentos, os estados mentais muitas vezes são a causa de palavras e ações. E estas criam reações. Qual seria o resultado provável caso você desse um pontapé num urso adormecido? Seria a lei do karma em funcionamento. Que reações provavelmente registraremos se tratarmos as outras pessoas com bondade, lucidez e honestidade? E se as tratarmos com grosseria, insultos e enganos? De forma simples e evidente, nossos estados mentais diariamente afetam o que dizemos e fazemos, trazendo-nos rápidos resultados kármicos.

Nós também experimentamos a lei do karma revivendo experiências passadas, tanto positivas como negativas. Quantas vezes você voltou a reviver, às vezes com dolorosa intensidade, alguma ação do passado da qual você se arrepende? Você alguma vez chegou a desejar ter o poder de atrasar os ponteiros do relógio e refazer tudo com um resultado diferente? Inversamente, todos nós já revivemos na memória ações que nos encheram de satisfação, que nos deixaram gratos, por termos aproveitado a oportunidade de realizar um ato de bondade ou de termos nos dedicado a um momento de calma. Por exemplo, você já ouviu alguém dizendo: "Estou tão satisfeito por ter dito a ela que a amava antes que ela morresse"?

À medida que sentimos dor ou felicidade, provocadas por atuais estados mentais ou por ações do passado, vemos que nenhum fato mental nem uma ação externa termina em si mesma; ela deixa um impacto ou uma impressão na mente. Essas conseqüências demonstram a lei do karma. Esse não é o panorama completo, mas conseguimos começar a compreender que a causa e o efeito não são apenas um conceito espiritual; em grande parte, é o que nós *somos*.

AS SUTILEZAS DO KARMA

A idéia do karma e a própria palavra estão se tornando cada vez mais comuns na nossa cultura. Certa vez, quando fui ocupar minha poltrona num avião que partia de San Francisco, encontrei um envelope cheio de dinheiro dentro da bolsa, na minha frente. Quando procurei a aeromoça para lhe devolver o dinheiro, ela me agradeceu e disse: "Você garantiu um bom karma." Isso significa que existe um senso generalizado acerca do seu significado, quer se realize uma boa ou má ação, ou se vivenciando um resultado feliz ou infeliz.

Mas existem muitas sutilezas para compreender a lei do karma e muitas maneiras através das quais ela pode ser compreendida de modo equivocado. Às vezes, as pessoas acham que essa lei de causa e efeito moral é determinista ou fatalisa, como se estivéssemos presos e impotentes dentro de um sistema completamente mecanicista. Essa não é uma compreensão exata, porque nossas ações não causam resultados predeterminados. Pelo contrário, cada ação é uma semente, e a semente irá resultar em algum fruto, mas qual será esse fruto particular depende de muitas condições que interagem de maneiras extraordinariamente sutis e complexas.

Por exemplo, uma das condições que determinam o resultado kármico de uma ação passada é o estado presente da nossa mente e os seus estados habituais em andamento. Quando nossa mente, de um modo geral, está livre de cobiça, ódio e ignorância, então as ações negativas do passado têm menos oportunidade de frutificar. Na prática, é como se estivéssemos protegidos por um campo energético da nossa atual situação; a pureza da nossa mente bloqueia ou modifica esses resultados kármicos negativos. Do mesmo modo, se a raiva, o ódio, o medo, a cobiça ou a ilusão estão presentes habitualmente na nossa mente, essas qualidades criam o campo para que ações negativas do passado deêm frutos, além de bloquearem ou modificarem os frutos de ações positivas do passado.

Nossas vidas são um sistema contínuo e dinâmico, alimentado constantemente pelas nossas ações atuais, alterando o processo do desenvolvimento de condicionamentos passados. Não sabemos quando alguma semente específica dará frutos. Podemos sentir os resultados kármicos das nossas ações nesta vida, na próxima ou em qualquer outro momento do futuro. Mas nossas ações presentes influenciam as sementes kármicas que terão a oportunidade de dar frutos.

A história seguinte mostra como pode ser complexo e sutil o processo kármico. Para achar verossímil a história, você poderá ter de expandir ou de alterar sua visão de realidade. Se você achar que ela não é verossímil, não tem importância; afinal, você não precisa aceitar detalhes da cosmologia budista para atingir a total libertação.

Nos tempos do Buda, havia um homem que comumente, se comportava de forma cruel e nociva, uma criatura miserável. Ele assassinava, roubava, enganava; ele se acostumou a ter pensamentos prejudiciais em sua consciência e dizia e fazia coisas que eram prejudiciais à sua vida. Um bom candidato para renascer num ambiente doloroso, certo? Normalmente, sim. Mas esse homem tão cruel conseguiu realizar uma única ação muito boa em sua vida: ele ofereceu comida a Sariputra, um ser totalmente iluminado, o principal discípulo do Buda.

Depois de toda uma vida de ações miseráveis, a lei finalmente se abateu sobre esse criminoso e o sentenciou à forca por causa de tudo o que ele havia feito. Quando já estava no patíbulo com a corda no pescoço, ele viu um monge budista passando. A visão do monge fez com que ele se lembrasse de que tinha oferecido comida a Sariputra e ele sentiu alegria por causa dessa lembrança associada a um ser tão radiante.

No mesmo momento, ele foi enforcado. O poder benéfico deste último instante – o caráter positivo daquela sua única boa ação e a alegria que ele sentiu ao se lembrar dela – condicionaram o momento seguinte, o momento do renascimento, e ele se viu num lugar altamente improvável. Ele renasceu num dos mundos deva, reinos celestiais caracterizados pela felicidade e por experiências muito agradáveis.

Imagine a surpresa dele. Esse criminoso levara uma vida cruel e deplorável, e lá estava ele, renascido num local de prazer, onde tudo é extremamente bonito! Dizem que os devas têm o poder de lembrar de suas vidas anteriores. E, assim, curioso, ele olhou para trás, viu todas as coisas nocivas que fizera, viu também sua única boa ação e a lembrança dela no momento da morte, e compreendeu o efeito kármico daquele último instante.

Felizmente – muitas das histórias ambientadas nos tempos do Buda têm finais felizes – este ser celestial, o ex-criminoso, teve a inspiração de se dedicar à prática do Dharma. Ele realmente se esforçou porque sabia que, enquanto estivesse nos mundos deva, estaria vivendo fora do alcance do seu karma negativo, pois ele não tem o poder de alcançar esses domínios. Mas ele continuaria, adormecido, latente e muito poderoso, como resultado das muitas ações prejudiciais que cometera no passado.

Se esse deva não tivesse se dedicado à pratica nos ambientes privilegiados onde vivia, no final dessa vida, o karma negativo teria produzido frutos, provavelmente lançando-o num dos mundos inferiores onde existem muitas dores e grandes sofrimentos. No entanto, reconhecendo a situação, ele se dedicou com afinco à prática, tornou-se iluminado, libertando-se, assim, dos efeitos daquelas más ações do passado.

A respeito dessa maravilhosa história, o falecido Venerável Mahasi Sayadaw da Birmânia, um dos grandes estudiosos e mestres de meditação do nosso século, escreveu que as pessoas que praticam com sinceridade, mesmo não se tornando iluminadas nesta vida, têm grandes probabilidades de renascerem nos reinos dos devas. O grande karma da obediência aos preceitos e da prática da meditação lhes fornecerá esse benefício. Como nos mundos deva o corpo é luminoso, a mente é aguda e a inteligência, afiada, os que têm um currículo de prática na vida anterior podem atingir a iluminação muito depressa quando estão ali.

Você pode se lembrar dessas boas notícias durante as inevitáveis ocasiões em que ficar desencorajado pela prática e sentir a tentação de desistir. Seus esforços podem ter efeitos muito além do que você imagina.

Portanto, a lei do karma é muito complexa. Se você se sentir confuso ou desorientado por essa complexidade, existe um fato muito simples do qual você pode lembrar: o modo como os resultados kármicos se desenrolarão para você depende em grande parte da situação na qual você se encontra neste exato momento, ou seja, depende dos seus atuais estados mentais. Qual é o estado que você está cultivando no momento? Esta pergunta é oportuna, porque a resposta exercerá grande influência na maneira como suas ações do passado irão dar frutos.

IGNORÂNCIA, A RAIZ DOS PRECONCEITOS

Quando ocorrem danos, quem ou o quê é responsável? O mestre de um amigo meu era um *sadhu* indiano, ou seja, um renunciado, um homem de uma beleza extraordinária. Anos atrás, ele visitou os Estados Unidos e disse algo que nunca mais esqueci. Ele disse que, quando olha para o mundo, não vê crueldade, e não vê guerras nem vê ódios. A única coisa que vê é ignorância.

É isso o que realmente está acontecendo. Todas as ações prejudiciais que as pessoas cometem, todas as coisas que causam sofrimento – onde têm suas raízes? Na mais profunda ignorância, em não compreenderem o sofrimento que está sendo causado e em não compreenderem os frutos kármicos criados para si mesmos durante essas ações.

Uma pessoa que caminha na direção do fogo está fazendo exatamente o que lhe causará queimaduras. Por causa da lei universal e inevitável do karma, quando alguém faz algo prejudicial, se pudermos situar, além da ação, sua causa fundamental na ignorância, então, em vez de nossa reação mais comum de raiva, podemos reagir com compaixão. Essa pessoa está caminhando em direção às labaredas de algum tipo de sofrimento, o resultado inequívoco de suas ações.

Não faz sentido odiar a ignorância. Isso nem ajuda a ignorância nem alivia o sofrimento; apenas acrescenta mais danos aos danos. O que ajuda a ignorância é acrescentar sabedoria e compaixão à situação. Brian Keenan, um refém britânico libertado no Líbano depois de passar mais de quatro anos em cativeiro, expressou essa sabedoria básica. Ele disse que não tinha nenhum desejo de vingança, porque a vingança sempre é também uma punição para si mesmo, e ele não teria nenhuma intensão de se punir.

Não quero deixar implícito que devemos concordar com ações prejudiciais. Freqüentemente, reações fortes e decisivas podem ser necessárias e apropriadas. Mas *como* reagimos a essas ações depende de como as compreendemos. Também é bastante útil lembrar que nossas reações acabarão gerando resultados kármicos para nós mesmos. Quando virmos claramente que ações ruins têm suas raízes na ignorância, podemos dedicar nossa energia para eliminar essa causa em nós mesmos e nos outros. A compaixão sente o sofrimento causado pela ignorância e a sabedoria compreende o que deve ser feito.

A ATENÇÃO TOTAL, RAIZ DA FELICIDADE

Às vezes, as pessoas acham que a iluminação ocorre quando eliminamos o nosso karma. Segundo essa idéia, ficamos sentados e sofremos as conseqüências de todas as ações cometidas no passado até nos livrarmos delas. E quando o karma estiver totalmente eliminado, a iluminação acontece.

Essa é uma visão errada, porque estamos todos carregando uma quantidade infinita de karma passado. O Buda disse que não existe princípio a ser encontrado no ciclo de nascimento, morte e renascimento dos seres. Cada um de nós já viveu incontáveis vidas, criando quantidades inimagináveis de ações e conseqüências benéficas e malignas. Portanto, não existe uma maneira de realmente eliminar todas as conseqüências kármicas do passado. Isso não é o processo do qual estamos participando.

A chave da nossa liberdade é decorrente de duas coisas essenciais. Em primeiro lugar, fazemos um esforço para acabar com as causas de danos por meio de nossas palavras e atos, de maneira a interromper a criação de mais karma negativo, que acabará provocando resultados desastrosos. E, em segundo lugar, aprendemos a nos relacionar inteligentemente, no presente, com os resultados kármicos do passado.

Por exemplo, uma sensação dolorosa no corpo é o fruto kármico de alguma ação do passado. Se reagirmos a ela com aversão, ódio ou irritação, apenas estaremos criando mais sementes kármicas negativas, que, por sua vez, resultarão em ainda mais frutos no passado. No entanto, se nos relacionarmos com essa dor com a atenção total, com aceitação, suavidade e abertura, então continuaremos sofrendo o doloroso resultado de alguma ação do passado, mas sem criar novos karmas negativos. Da mesma forma, quando sensações agradáveis emergem devido a um karma positivo do passado, aprendemos a permanecer com elas sem nos ater a elas, sem nos agarrar a elas. Através da atenção total dos sentimentos, interrompemos o processo do recondicionamento. A liberdade que podemos cultivar, a liberdade que é decorrência da atenção momento a momento na nossa prática, é a capacidade de permanecermos atentos a esses fenômenos em mutação sem reagir a eles, sem querer segurá-los.

Se pudermos nos abrir, nos permitir sentir tudo, sem nenhuma reação na nossa mente, então não haverá problemas. Ficamos completamente atentos para qualquer coisa que surja sem os fatores kármicos negativos da cobiça, do ódio ou da ignorância. Assim, podemos criar condições para a nossa felicidade.

Mas nos abrirmos, principalmente para padrões de raízes extremamente profundas, sendo atentos a eles significa algo muito específico. Isso não significa um tipo superficial ou trivial de atenção. Não significa um simples reconhecimento: "Ah, sim, estou vendo o padrão." O poder da atenção total como força da mente está na consciência do que está presente sem que haja uma identificação com a experiência, sem uma identificação com quem conhece. É nisso que reside a felicidade.

Portanto, o que praticamos a cada momento é a consciência da respiração, dos pensamentos, das sensações, das emoções e de estados mentais. Uma grande parte desta experiência nos vem no presente como resultado de ações do passado. Independentemente de a experiência ser agradável ou não, tudo estará bem se desenvolvermos essa força de conscientização capaz de enxergá-la, de senti-la, de estar com ela, sem segurá-la, sem aversão, sem identificar-se com ela.

Depois da iluminação do Buda, ele e um grupo de monges e mon-

150

jas foram convidados a permanecer num vilarejo durante a época chuvosa. Aconteceu que a fome grassou naquelas bandas, e, durante os três meses de chuva, a única coisa que lhes ofereceram para comer foi forragem para cavalos. A privação era enorme. Esse desconforto foi um fruto kármico de algumas ações do passado, até mesmo para algumas pessoas tão purificadas quanto o Buda. Mas, por causa da sua grande sabedoria e equanimidade, essa situação extremamente difícil não causou nenhum sofrimento à sua mente.

Quando reagimos aos resultados kármicos de ações do passado com equanimidade, sem reações, colocamos nossa mente num estado de equilíbrio cada vez maior. A iluminação não acontece porque conseguimos nos livrar de uma certa parcela da atividade kármica. Ela acontece quando nossa mente atravessa a ilusão. E isso pode acontecer a qualquer instante: não há momento previamente determinado para que isso aconteça.

Num capítulo anterior, contei a história de um homem que viveu nos tempos do Buda, chamado Angulimala, "Guirlanda de Dedos." Apesar de ele, no passado, ter assassinado cruelmente 999 pessoas, ele depois se dedicou à prática com muito fervor, e, depois de pouco tempo ficou totalmente livre.

Em vez de eliminar todos os resultados dolorosos de suas ações, Angulimala acabou com a ignorância em sua mente e tornou-se inteiramente livre. Mesmo depois de ter sido totalmente iluminado, quando caminhava pelas aldeias e vilarejos pedindo esmolas, as pessoas freqüentemente o maltratavam com pedras e porretes. Todos os tipos de ataque que ele sofreu resultavam de suas ações no passado. Mas no caso de Angulimala, ele suportava tudo com grande equanimidade, porque sua mente estava livre.

Gosto dessa história porque ela dá certo estímulo quando estamos perdidos em preocupações por causa de nossas próprias ações prejudiciais cometidas no passado. Nosso despertar não depende da eliminação de todo o nosso karma passado. Depende, isto sim, da qualidade da nossa consciência, do equilíbrio e da sabedoria do momento.

KARMA E NÃO–EU

Uma das grandes idéias do Buddhadharma estabelece a relação entre a lei do karma com o princípio fundamental da ausência do eu. Superficialmente, essas duas coisas parecem contraditórias: se não existe o eu, se não existe um único ser que continua vivendo, ou vive uma vida após outra, quem sofreria as conseqüências do karma? Quem morre? Quem renasce? Apesar de a lei do karma e de a verdade do vazio serem aparentemente contraditórias, se você levar suas pesquisas mais adiante, irá perceber que esses dois aspectos do Dharma, na verdade, fazem parte do mesmo todo.

A lei do karma é uma lei moral de causa e efeito. Ela significa que ações motivadas por diferentes fatores particulares provocam resultados diferentes. É como o plantio de diferentes sementes no solo. Se você plantar uma semente de maçã, o resultado será uma macieira; não será uma mangueira. Mas se você plantar uma semente de manga, então, sim, terá uma mangueira.

Uma determinada semente irá resultar num determinado fruto; mas, obviamente, a semente não é o fruto, do mesmo modo que a semente não é, de alguma forma, levada para o fruto. Na verdade, o que ocorre é um processo de transformação que obedece a determinadas leis. A semente cresce e se transforma numa pequena muda, e esta se transforma numa árvore. A árvore produz os frutos, que produzem novas sementes. A primeira semente não é puxada por dentro do tronco e depositada dentro do fruto, dividindo-se milagrosamente em todas estas outras pequenas sementes. Na verdade, a semente passa por um processo de transformação devido a determinadas condições, tais como sol, chuva e solo fértil.

Não existe um único elemento que se mantenha estático no decorrer desse processo; pelo contrário, uma coisa se transforma em outra, depois em outra, continuamente. O que realmente acontece é o grande desenvolvimento da semente para a fruta e, novamente, para a semente num contínuo não interrompido de mudanças incessantes. De fato, essas mudanças estão ocorrendo tão depressa e tão continuamente que isolar qualquer um dos momentos e dar-lhe um nome já é uma solidificação excessiva, e torna excessivamente estático o que é dinâmico.

Todos os elementos da nossa própria mente e do nosso corpo estão aparecendo e desaparecendo, mudando continuamente, transformando-se exatamente da mesma maneira. Dizer que não existe o eu significa que não existe uma entidade permanente que continua de vida em vida, ou até mesmo de momento em momento.

O que chamamos de eu é simplesmente esse processo de mutação. Nesse processo, cada ação da vontade é uma semente, e o tipo dessa semente depende da qualidade mental associada a essa vontade. Essas ações provocam resultados, da mesma forma como as sementes produzem frutos. Não existe um "alguém" estático, um eu por trás desses eventos em mutação para o qual tudo está acontecendo. O Buda descreveu que somos como "ações sem alguém que aja, feitos sem alguém que faça." Assim, podemos compreender o desenrolar da nossa vida como sendo um processo organizado e não pessoal de mutação, um processo de constante vir-a-ser.

O que acontece, então, por ocasião da morte? Segundo o Abhidharma, a análise budista da mente e do corpo, a consciência da morte é o último momento da mente desta vida. A qualidade desse momento condiciona o surgimento da consciência do renascimento, o primeiro momento da mente do novo renascido. Não existe uma *coisa*, um eu, que seja levado de uma vida para a seguinte. Exatamente como cada momento nesta vida condiciona o seguinte, a mente no momento da morte condiciona o momento seguinte do renascimento.

Às vezes, as pessoas acham que a compreensão do não-eu nesse processo contínuo de alguma forma nos absolve de qualquer responsabilidade pelas nossas ações, mas esta não é uma conclusão correta. Justamente porque a lei do karma é uma força tão poderosa em nossas vidas, precisamos tomar muito cuidado com tudo o que fazemos. Nossas ações produzirão frutos de felicidade ou de sofrimento. O grande sábio Padmasambhava, que levou o budismo da Índia para o Tibete, disse que, apesar de sua visão ser tão ampla quanto o céu, sua atenção à lei do karma é tão fina quanto um grão de farinha de trigo.

Portanto, ao mesmo tempo em que compreendemos a ausência do eu nesse processo de vida, continuamos tomando cuidado com as ações da nossa vida.

ANIMAIS

Será que os animais, tal como os seres humanos, também criam karma? Podemos ver claramente que os animais são conscientes, com sentimentos, percepção, respostas e reações. Por esse motivo, os seres do reino animal também criam karma.

Na sua maior parte, no entanto, o mundo animal não demonstra possuir atenção total em um grau significativo. Os animais funcionam principalmente no nível instintivo da mente, sem a opção que a atenção total proporciona para considerar se uma ação é prejudicial ou não. É muito provável que eles nem tenham esse conceito de ato prejudicial.

O nascimento humano é tão precioso justamente porque temos a oportunidade de discernir entre as coisas que são favoráveis e as que não o são. Temos a chance de compreender a lei do karma, de saber que todas as ações têm conseqüências, de acrescentar um momento de consideração às nossas ações, de fazermos escolhas sábias.

É interessante observar a nossa vida vendo a série de respostas que temos diante de diferentes situações da vida, observá-las quando agimos impulsivamente, apenas pelo hábito e pelo condicionamento, sem muita "atenção total" ao que fazemos. O desejo vem à tona, e logo a nossa mão já está dentro da geladeira. Com que freqüência essas coisas acontecem? Quando nos tornamos mais conscientes, acrescentando a atenção total às nossas ações no decorrer do dia, isso abre muitas possibilidades de verdadeira liberdade de escolha.

O karma funciona em todos os níveis da existência porque a consciência, as intensões e as ações estão presentes. Mas só quando existe a atenção total é que começamos a fazer a escolha com liberdade.

SETE

A PRÁTICA NO MUNDO

ESTAR PRESENTE

Como podemos continuar presentes e atentos quando passamos de uma sessão de meditação ou de um retiro para as outras atividades que desenvolvemos no mundo? Fazer essa transição crucial da conscientização quando estamos bem instalados sobre uma almofada para a conscientização nas atividades quotidianas é algo que afeta fundamentalmente a nossa liberdade.

Praticar a atenção total do corpo é uma das maneiras mais fáceis de nos mantermos presentes na vida quotidiana. Esse modo de conscientização funciona tão bem que o Buda lhe dedicou muitos ensinamentos. Ele disse que a atenção total do corpo leva ao nirvana, à liberdade, ao não-condicionado. Portanto, apesar de esta prática ser muito simples, ela está longe de ser trivial ou superficial.

Nosso corpo é obviamente objeto de atenção; não é sutil como os pensamentos e as emoções. Podemos facilmente nos manter conscientes do corpo, mas apenas se nos lembrarmos de fazer isso. Lembrar é difícil, mas ter consciência não é.

Lembrar de usar o corpo como veículo para o despertar: isso pode ser tão simples quanto ficar atento à própria postura. Você provavelmente está sentado enquanto lê este livro. Quais são as sensações do seu corpo neste momento? Quando você colocar o livro de lado e ficar de pé, sinta os movimentos enquanto se levanta e passa para a atividade seguinte; procure estar atento quanto ao modo como você se deita no fim do dia. Esteja *dentro* do seu corpo quando se movimenta, quando estende a mão para pegar alguma coisa, quando se vira. É simples; é apenas isso.

Manter-se presente no corpo é um dos motivos pelos quais a meditação durante caminhadas tem sido tão útil na minha prática. Depois de ter feito isso durante milhares de horas ao longo de muitos anos, tornou-se bastante natural sentir o movimento dos meus pés e das minhas pernas enquanto caminho. Essa presença habitual em relação às sensações do andar serve para voltar minha atenção a outros aspectos da vida quotidiana.

Mas você não precisa praticar a meditação durante caminhadas, ou qualquer outro tipo de atenção total do corpo, durante milhares de horas para sentir seus benefícios. Basta exercitar-se pacientemente no que está sentindo no momento – e o corpo *sempre* está presente – até que conhecer os menores movimentos que você faz vire uma espécie de segunda natureza. Se você estiver estendendo o braço em direção a alguma coisa, você já está fazendo isso – ou seja, não há nada mais a ser feito. Basta observar o gesto. Você está se movimentando. Será que você é capaz de se treinar para ficar presente, para sentir o movimento?

É muito simples. Pratique constantemente atentar de novo para o seu corpo. Esse esforço básico que, paradoxalmente, no momento, equivale a um relaxamento nos fornece a chave para expandir a nossa percepção de períodos de meditação formal para a vida atenta no mundo. Não subestime a energia que lhe virá do fato de sentir os simples movimentos do seu corpo no decorrer do dia.

Outro modo de desenvolver a mente investigativa sem ter de praticar sentado e sem ter de passar por retiros de meditação consiste em prestar atenção em particular aos momentos em que sua experiência fica intensa ou difícil. Alguns dos nossos momentos mais incisivos de abertura e de introvisão podem ocorrer em momentos de dificuldade – dores físicas, doenças, tumultos emocionais, perigo, qualquer um desses momentos de experiência mais intensa que acontecem na vida de todos.

O simples fato de o evento ser importante, porque ele naturalmente desperta a nossa atenção, nos proporciona uma boa oportunidade de examiná-lo com cuidado, com muita exatidão. Concentramos a atenção no que está acontecendo e na nossa reação a isso. Estou sendo envolvido? Como estou me prendendo a isso? Qual seria um modo engenhoso de agir nessa situação? Onde posso me abrir mais ou deixar que as coisas aconteçam?

Uma lenda diz que, há muito tempo, um monge budista foi pego por um tigre na selva. Seus companheiros estavam impossibilitado

158

de lhe dar qualquer ajuda física, mas a distância gritaram-lhe palavras encorajadoras: "Fique alerta! Preste atenção!" Dizem que, em virtude do choque terrível de ser mordido, derrubado e devorado, esse monge atingiu todos os estágios da iluminação em rápida sucessão antes de morrer.

Quero deixar bem claro que não estou recomendando a ninguém passeios pela selva à procura de tigres famintos como forma de avançar rapidamente pelo caminho! Mas com grande freqüência, de uma ou de outra maneira, os tigres chegam até nós. E aí tudo passa a ser simplesmente uma questão de saber se os usaremos para obter vantagens espirituais ou não. Se não o fizermos, poderemos estar nos condicionando de forma ainda mais profunda nos padrões habituais que nos mantêm escravizados. Mas caso o fizermos, as experiências mais importantes podem servir como empurrões adicionais que nos impelem para a libertação.

SABEDORIA E AMOR

A sabedoria e o amor são as duas grandes asas do Dharma. Pouco importando se estamos no redemoinho de uma vida agitada e ocupada ou no profundo silêncio de um retiro, uma mente clara e um coração aberto são as principais forças que cultivamos, pois são ao mesmo tempo o meio e o final do nosso caminho.

Essas maravilhosas qualidades da mente e do coração não são virtudes exclusivas dos monges e dos mestres asiáticos. São energias universais que aparecem nos lugares mais improváveis. Sob determinados aspectos, a vida de um leigo ativo nos fornece contínuas oportunidades não apenas para cultivar, mas também para manifestar a sabedoria e o amor.

Uma das minhas primeiras mestras de meditação, que já mencionei antes, conseguiu juntar o amor e a sabedoria de uma forma impressionante. Dipa Ma, uma mulher extraordinária que viveu e ensinou em Calcutá, nasceu no início do século e faleceu em 1989. Segundo os costumes do local e da época, casou-se muito cedo, com cerca de catorze anos, e teve três filhos. Depois, de repente, seu marido e dois dos filhos morreram, deixando-a em situação de profunda angústia. Ela ficou tão abalada e debilitada que passou vários anos de cama.

Por ocasião das mortes do marido e dos filhos, Dipa Ma estava morando na Birmânia, onde seu marido ocupava um cargo público. Depois de anos de enfermidade e declínio, ela percebeu que, a não ser que fizesse alguma coisa para curar a mente e o coração, certamente acabaria morrendo. Por isso, procurou um dos muitos mosteiros budistas da Birmânia e iniciou a prática da meditação. Apesar de o corpo de Dipa Ma ser frágil e estar enfraquecido, ela possuía muita força e poder no coração e na mente. Depois de pouco tempo, ela atingiu estágios elevados de iluminação e também poderes incomuns e profundos de concentração.

As conquistas espirituais de Dipa Ma eram extraordinárias. Mas o que mais caracterizou sua vida, depois de iniciar a prática, foi a profunda simplicidade do seu ser. A partir dessa simplicidade, surgiu a mais bela integração da sabedoria do vazio, da totalidade do amor e do silêncio de uma paz inabalável. Certa vez, quando lhe perguntaram o que havia em sua mente, Dipa Ma respondeu: "Concentração, bondade e paz. Só isso."

É possível perceber nesta declaração como a integração funciona. A paz é decorrente da eliminação dos elementos ruins, das qualidades de cobiça, ódio e ignorância que causam perturbação e tormento na mente. A eliminação dessas qualidades ruins é decorrente da atenção total. Dipa Ma freqüentemente usava a prática da atenção bondosa para desenvolver profundos estados de concentração, e depois usava essa concentração profunda para desenvolver a introvisão e a sabedoria através do poder da atenção total.

No caso dela, todas essas qualidades cultivadas na prática se alimentavam mutuamente. A bondade alimentava a introvisão. A introvisão tornava-se, depois, a base para a libertação das qualidades ruins, e isso permitia que sua mente se tornasse mais concentrada, aumentando ainda mais o poder da atenção bondosa. Era algo bonito

160

de se ver. Na presença de Dipa Ma, sentia-se que o amor e a sabedoria tinham se tornado uma coisa só.

Dipa Ma tem sido um importante modelo para mim e para outros porque transferia grande parte de sua poderosa prática para o mundo, como dona-de-casa, mãe e avó. Ela nunca relaxou nos seus esforços para atingir a meta final, apesar de fazer esses esforços de forma aberta, amorosa e generosa. Portanto, na próxima vez que você achar que seu trabalho, seus relacionamentos ou qualquer coisa referente ao mundo estão atrapalhando a prática espiritual, lembre-se de Dipa Ma e transforme essas coisas na sua prática.

ATENÇÃO BONDOSA

No seu livro *Love's Executioner*, o conhecido psiquiatra da Universidade Stanford, Irwin Yalom, escreve: "Não gosto de trabalhar com pacientes apaixonados. Talvez seja por inveja. Eu também sonho com o encantamento. Talvez seja porque amor e psicoterapia são fundamentalmente incompatíveis. O bom terapeuta combate a escuridão e busca a iluminação, ao passo que o amor romântico é sustentado pelo mistério e se desfaz quando examinado com atenção. Eu odeio ser o carrasco do amor."

Existe algum tipo de amor que não se desfaça quando examinado com atenção, que seja compatível com a iluminação, aumentando-a ainda mais? Existe uma diferença entre o encanto do *apaixonar-se* e essa qualidade do ser que sentimos quando estamos *amando*? No idioma páli, essa qualidade especial é chamada de *metta* ou atenção bondosa.

Metta é generosidade do coração que deseja felicidade para todos os seres, para si mesmo e para todos os demais. A atenção bondosa suaviza a mente e o coração com sentimentos de benevolência. A mente torna-se maleável e o coração gentil quando o metta procura o bem-estar e o benefício de todos. O sentimento de atenção bondosa expressa o simples desejo: "Que você seja feliz."

Como reagimos menos e nos mantemos mais abertos quando cultivamos o metta, a suavidade e a maleabilidade do amor tornam-se a base para a sabedoria. Vemos com maior clareza o que é positivo e propício em nossas vidas e o que·não é. À medida que essa sabedoria discriminatória aumenta, tomamos decisões mais sábias na vida, que por sua vez nos levam a uma maior felicidade e a mais amor.

De um modo maravilhosamente inter-relacionado, a atenção bondosa cria o campo no qual o metta cresce. Primeiro, coletamos a atenção e reunimos a mente espalhada. No início da prática da atenção total empecilhos podem nos distrair ou nos atrapalhar. Mas, lentamente, a conscientização faz a sua mágica. Observamos, retornamos de onde estávamos perdidos, começamos outra vez e gradativamente nossa mente passa a aceitar mais, a reagir menos e a fazer menos julgamentos. Deixamos de nos perder tão completamente em pensamentos discursivos. Uma conscientização suave e gentil permite que a mente e o coração relaxem, se soltem, se abram.

Muitas vezes, essa abertura serve de convite para um fluxo de memórias e imagens, que inicialmente se referiam a um passado recente, depois a circunstâncias há muito esquecidas. Um vasto reservatório de impressões e de reações é revelado. Podemos pensar em pessoas ou nos lembrar de incidentes de que há anos não nos lembrávamos. Por meio do crescente poder de uma mente silenciosa e centralizada revivemos esses pensamentos e sentimentos com grande lucidez e imediatismo; na nossa mente, recomeçamos a nos ligar com pessoas da nossa vida.

Inicialmente, essas lembranças podem trazer consigo antigas reações e julgamentos, mas, à medida que a nossa mente se acalma, nos lembramos de pessoas e de situações com menos projeções e com menos atitudes de defesa. A quietude de uma mente silenciosa permite uma maior vulnerabilidade e brandura. Percebemos mais claramente outros lados de pessoas e de situações, e muitas vezes perdoar torna-se mais fácil. Nesse espaço suave e aberto da consciência, sentimentos de bondade e de compaixão começam a surgir com mais freqüência e de modo mais espontâneo.

O sentimento do metta não faz distinção entre os seres. Quando o amor está misturado ao desejo, existe certa energia do querer e, conseqüentemente, o amor sempre permanece limitado. Podemos desejar uma, duas ou talvez três pessoas, mas acredito que nunca existiu um desejo por todos os seres do mundo. Ao contrário do desejo, o metta tem a capacidade de incluir todos; ninguém fica fora de sua esfera. Pessoas que possuem esse sentimento de amor estão sempre abençoando: "Seja feliz, seja saudável, viva em segurança, seja livre."

Como a bondade advém da generosidade do nosso coração e não depende de condições ou do fato de as pessoas serem de determinada forma, ela não se transforma facilmente em má vontade. Há muitas histórias relativas a Ryokan, o monge eremita e poeta que viveu no Japão durante o século XVIII, que ilustram essa ausência de discriminação. Uma delas conta que um ladrão entrou na choupana de Ryokan e roubou seus poucos pertences. Quando Ryokan voltou e viu o que acontecera, escreveu este haicai:

> O ladrão deixou de levar
> a lua
> na janela.

Como nós nos comportaríamos na mesma situação?

A força dos ensinamentos do Buda é decorrente da constante repetição de que amor e sabedoria são qualidades que não devem ser simplesmente admiradas nos outros, mas que também devem ser práticas e desenvolvidas em nós mesmos. Thich Nhat Hanh, mestre de meditação, poeta e ativista da paz nascido do Vietnã, escreveu: "Praticar o budismo é uma maneira inteligente de gozar a vida. A felicidade está à sua disposição. Pegue quanto quiser."

Como podemos captar o amor? Centralizando as boas qualidades nas pessoas, tanto em nós mesmos como nos outros; isso faz com que o sentimento do metta venha à tona. Todos somos um pacote de diferentes qualidades. Quando não vemos o que existe de bom numa pessoa, preferindo nos concentrar naquilo que não nos agrada, torna-se fácil que a má vontade, a raiva, os preconceitos e até o ódio venham à tona. Não vamos fazer de conta que essas qualidades ruins estão ausentes; em vez disso, podemos vê-las e compreendê-las sem que a nossa mente se atenha a essas características. Todos têm pelo menos uma boa qualidade. E quando procuramos essa boa qualidade numa pessoa, então um sentimento de atenção amorosa surge com grande naturalidade. Em princípio, essa forma de se relacionar com as pessoas pode parecer artificial ou forçada, mas, com o passar do tempo, a atenção bondosa torna-se a nossa maneira natural de viver.

O metta também tem origem nos sentimentos de gratidão. Num impressionante comentário sobre relacionamento humano, o Buda disse que duas coisas são muito raras neste mundo: pessoas que beneficiam outras e pessoas que sentem gratidão. Todos fomos ajudados de muitas formas por outras pessoas. Refletir sobre as boas coisas que as pessoas fizeram por nós é algo que alimenta os sentimentos genuínos de amor e gratidão.

Outro modo de fortalecer o metta é através da meditação da atenção bondosa. Essa prática é muito simples. Sente-se confortavelmente, pense numa pessoa pela qual você já sente muito amor e, silenciosamente, repita algumas frases que expressem esse amor. Por exemplo, você pode repetir as frases: "Que você seja feliz", "Que tenha saúde", "Que viva em segurança", "Que tenha liberdade". Deixe a mente permanecer durante alguns momentos no significado e no sentimento de cada frase, enquanto pensa na pessoa. Depois, passe para a frase seguinte.

Quando você pratica esta meditação, aos poucos o sentimento do metta torna-se mais forte. Depois, você pode trazer à mente um bom amigo, uma pessoa que lhe seja indiferente, ou mesmo alguém que lhe tenha causado problemas, ou seja, uma pessoa à qual tradicionalmente nos referimos como "inimiga". Seja paciente nessa prática. Lentamente, vamos treinando novamente os hábitos do coração. Você pode encerrar a meditação do metta expressando desejos amorosos para todos os seres: "Que todos os seres sejam felizes, saudáveis, livres e que vivam em segurança."

O metta é uma força dinâmica e transformadora, capaz de mudar toda a sua experiência de vida. Você pode praticá-lo em seus contatos casuais com as pessoas. Quando caminhar pela rua, observe a diferença entre o isolamento de estar perdido nos seus próprios assuntos e os sentimentos de conexão quando você repete interiormente as frases de atenção bondosa. Uma transformação imediata ocorre quando incluímos o espaço da rua e as pessoas que por ela transitam num campo de energia do metta. Você pode praticar a atenção bondosa com as pessoas que lhe são mais próximas. Você pode praticá-la com todos os seres deste mundo.

COMPAIXÃO

O amor se expressa também de outro modo tão poderosamente transformador quanto o metta. Como o metta percebe o que existe de bom nas pessoas e deseja a felicidade delas, a compaixão é o tipo de amor que vê o sofrimento dos seres e deseja que eles sejam libertados disso.

A compaixão – *karuna*, em páli e sânscrito – é o forte sentimento de querer aliviar dores e sofrimentos. O Buda descreveu este sentimento como um tremor ou uma suavidade do coração. A compaixão aparece quando nos aproximamos do sofrimento, quando nos abrimos para ele e quando sentimos o sofrimento em nós mesmos ou nos outros.

No decorrer da nossa vida quotidiana, muitas vezes levantamos à nossa volta uma parede de distrações que amortecem o imediatismo de sentimentos difíceis ou dolorosos. Apesar de esta estratégia por vezes ser bastante útil, ela também tem o potencial de reduzir o sentimento de compaixão no nosso íntimo.

Um retiro de meditação pode ser um excelente lugar para se desenvolver a compaixão, porque ficamos frente à frente com uma ampla gama de sentimentos no nosso corpo e na nossa mente. O grande dom do silêncio cria um espaço de não-distração, de modo que realmente sentimos o sofrimento que está presente, tanto em nós quanto no mundo.

Depois de certo período, a meditação dá origem a uma enorme ternura de coração. Apesar de isso nem sempre ser visível nos obstáculos do dia-a-dia e nos altos e baixos da prática, ocorre uma suavização da mente e do coração, transformando a maneira como nos relacionamos com nós mesmos e com os outros. Começamos a sentir de modo mais profundo, e essa profundidade do sentimento se torna a fonte da compaixão.

Sutilezas de compreensão dão origem a importantes conseqüências na maneira como vivemos. Por exemplo: compreender a diferença entre a abertura para o sofrimento e sentir aversão quanto a ele pode representar a diferença entre viver com compaixão e viver com medo. Às vezes, sentimos que estamos abertos porque sabemos que o sofrimento está presente. No entanto, não basta saber. Em geral, sabemos com aversão, ou com resistência, ou com preconceito. Você pode verificar facilmente a diferença entre abertura e aversão na experiência muito simples e comum de sentir dor física. Às vezes, nossa mente aceita a dor com interesse e com disposição para explorá-la. Em outras ocasiões, nos contraímos ou nos afastamos com aversão pela sensação dolorosa. São dois estados muito diferentes. A compaixão nunca é decorrente de um afastamento com relação ao sofrimento. O forte sentimento compassivo de querer aliviar o sofrimento vem da nossa disposição em estar com ele.

A prática da meditação permite que vejamos o mundo inteiro na nossa mente e no nosso coração. Vemos todas as qualidades nobres que podem ser encontradas no mundo e todas as qualidades causadoras de sofrimentos, guerras e conflitos. Encontramos tudo isso dentro de nós mesmos. Por exemplo, um mosquito aparece e fica zumbindo no seu ouvido. Ele se aproxima cada vez mais. O que você sente? Em vez de sentir compaixão pelo mosquito, você na certa quer esmagá-lo. Todos já tivemos esse tipo de reação. No entanto, numa escala muito pequena, estas são as mesmas sementes de ação que se desenvolvem no mundo de tantas maneiras desastrosas. Encontramos algo de que não gostamos, algo desagradável, ameaçador, e queremos acabar com isso. Para nós, o esmagamento é um mero movimento com a mão; para o mosquito, é um evento muito importante.

Em muitas pequenas situações da vida quotidiana podemos notar e observar essa tendência para a aversão. Quando não a vemos, quando nos iludimos acreditando não ter esses sentimentos, ficamos sem nenhuma chance de nos livrarmos de suas algemas. Passamos apenas a concretizá-los inconscientemente na nossa vida. O mosquito zumbe. Podemos ouvir o som, conhecer o sentimento e os pensamentos que surgem na mente, ver o desejo de convocar a ajuda da SWAT e ter consciência suficiente para exercer a compaixão?

Vou contar mais uma história do monge Ryokan. Ele passava seus dias vagando entre os vilarejos das montanhas, brincando com as crianças e levando uma vida de simplicidade e de compaixão. Num dia quente de primavera, dizem, ele catou os piolhos de sua roupa e os colocou sobre uma pedra para que aproveitassem o calor do sol. E no final do dia, quando a noite começou a cair, ele os recolheu e os recolocou em suas vestes! Talvez nem todos sejamos como Ryokan, mas a atenção total e a compreensão nos fornecem momentos em que conseguimos tocar a compaixão no nosso interior.

Quantas vezes na sua vida você desligou a tevê na hora do noticiário, fugiu de um mendigo na rua ou até mesmo de um amigo que estava procurando apoio, porque o sofrimento que viu era simplesmente demais para que você se permitisse ter consciência dele? Na próxima vez em que isso ocorrer, tente mudar o clima mental do seu coração.

Tente delicadamente deixar de lado a aversão em fase da dor e simplesmente abra-se para ela. Abra-se para a pessoa ou para as pessoas que estão sofrendo. Deixe que a sensação de separação em relação a essa criatura ou a essas criaturas se dissolva. E depois observe a sensação do seu coração. Apesar de estar encontrando sofrimentos, um tipo de felicidade se instalará. Não é o sofrimento em si que causa o nosso desconforto; é a nossa aversão em relação a ele e a nossa sensação de separação em relação aos demais. E quando estas coisas desaparecem o mesmo acontece com o desconforto. Apesar de incluir a angústia e a dor, a compaixão é uma alegria que nos proporciona muita força.

A compaixão também pode ser praticada como uma meditação específica. Pense numa pessoa em dificuldades e, enquanto pensa nela, gentilmente repita a frase: "Que você se livre do sofrimento." À medida que sua mente se concentra de modo cada vez mais profundo na pessoa e na repetição da frase, o sentimento da compaixão irá florescer no seu interior. Depois você pode ampliar esse sentimento de modo a atingir grupos de pessoas e, finalmente, todas as criaturas de todos os lugares.

A ARTE DA COMUNICAÇÃO

Durante períodos de prática da meditação, pouco importando se têm a duração de uma hora por dia ou se são retiros mais demorados, permanecemos durante a maior parte do tempo em silêncio. Mas na vida diária, estamos em comunicação ativa durante a maior parte do tempo. Quanto tempo da sua vida é gasto falando ou escrevendo? Observe quanto impacto suas palavras têm sobre os outros e as dos outros sobre você. Como a fala é tão predominante na nossa vida e também porque as palavras causam tantas conseqüências, aprender a arte da comunicação habilidosa precisa ser um aspecto significativo da prática do Dharma.

O Buda enfatizou a importância disso quando incluiu a fala correta como sendo uma parte distinta do caminho para o despertar. Apesar de existirem grandes elaborações a respeito do tema da fala correta nos textos, tudo se resume em dois princípios gerais: É verdade? É útil?

A prática desses princípios na nossa fala incentiva uma crescente sensibilidade. Ficamos mais sintonizados com a sutileza das verdades e das mentiras. Existem momentos em que colorimos a verdade ou de algum modo a exageramos? Existem ocasiões em que nossas palavras podem ser verdadeiras, mas não estamos no momento, no lugar ou na situação correta para que elas possam ser úteis.

A prática da comunicação é a grande arte de se relacionar com outra pessoa, de ser aberto, de ouvir tão bem que se possa perceber o lugar onde é possível estabelecer um contato. Você pode permitir que essa outra pessoa entre? Qual é o vocabulário correto? Você é capaz de abordar o que realmente é importante para essa pessoa? Aprendemos a ouvir e a falar a partir de um sentimento de metta, de boa vontade básica. O discernimento sábio e o metta nos permitem estabelecer conexões.

Em qualquer ação recíproca sempre existem duas partes. Uma consiste em aprender a falar de forma eficiente e a outra em ouvir também com eficiência. Lembrar de ouvir parece ser algo especialmente importante em tempos de comunicação difícil, quando estamos sob tensão ou em conflito. As outras pessoas sempre têm seus pontos de vista. Se quisermos realmente entrar em contato com elas e compreendê-las, precisamos ouvir o que dizem.

Quando você estiver em situação de confronto com alguém e se sentir muito preso às suas perspectivas, idéias e sentimentos, esforce-se para encontrar um momento para, mentalmente, dar um passo atrás e dizer: "Muito bem, agora vamos tentar compreender isso de um outro ponto de vista." Esta útil ajuda requer grande habilidade para ouvir. E a partir dela uma verdadeira comunicação pode começar a acontecer.

Isto, no entanto, não significa que você deva deixar de expressar a sua maneira de ver as coisas. Você pode fazê-lo, mas a partir desse espaço de abertura onde se torna muito mais fácil falar sem agressão. Se você for capaz de ouvir antes, o espaço entre você e a outra pessoa já terá se modificado.

Às vezes, damos este passo, mas mesmo assim a situação acaba ficando fora de controle. Às vezes, o espaço não se abre apesar de todos os nossos esforços, e a falta de comunicação não se modifica. É nessas ocasiões que precisamos realmente ficar centralizados em nós mesmos, na nossa conscientização física, para não nos envolvermos outra vez na nossa reação ao que está acontecendo. Nesses momentos difíceis podemos usar a sabedoria da nossa prática de meditação: perceber que é possível abrir-se para sentimentos desagradáveis, compreender que não há problemas em simplesmente senti-los, em vez de reagir a eles com agressão ou atitudes de defesa.

À medida que você fica mais tranqüilo e cria espaço em torno desses sentimentos, as reações da mente aparecem e desaparecem mais facilmente, sem que você fique preso a elas. Essa capacidade exige muita prática. Caso você não a tenha praticado antes, em meio a uma comunicação intensa você, a princípio, encontrará grandes dificuldade para fazê-lo.

Portanto, nossa tarefa na prática é a de ver como nos relacionamos com nossos sentimentos. A raiva vem, a irritação vem, o medo vem – tanto quando estamos sentados como quando estamos em nossa comunicação diária. Você consegue manter-se atento a todos eles? Ou será que existe uma forte identificação com essas emoções?

A verdade segundo a qual a raiva e o medo não estão inerentemente ligados às situações exteriores contraria o nosso condicionamento convencional, de "bom senso". Mas olhe atentamente para si mesmo para verificar se isso é mesmo verdade. Nós é que alimentamos esses sentimentos pouco habilidosos pela distribuição de culpas. Quanto mais culpamos, mas fortalecemos a raiva e o ressentimento no nosso interior. Mas se a atenção total e a investigação forem suficientemente fortes, podemos escapar da identificação.

Quando praticamos esta não-identificação, a comunicação com os outros em momentos difíceis torna-se muito mais fácil. Como podemos nos comunicar a partir do local do nosso relaxamento mental e da compaixão, nossa comunicação se torna muito mais eficiente. Será que alguma coisa pode ser mudada pela comunicação? É possível dizer a alguém que está reagindo com intensidade excessiva, que aquilo não está certo? Somos capazes de ser firmes sem raiva e sem culpa?

Às vezes as pessoas confudem a aceitação com uma maneira displicente de estar no mundo: deixando todos fazerem tudo e nunca assumindo uma posição. Não é isso. Aceitação significa assumir a responsabilidade pelos nossos estados mentais. Com a atenção total é possível assumir uma posição segura, iniciar uma comunicação eficiente, mas fazer isso sem se envolver em julgamentos de reação. A energia com que nos comunicamos é a chave.

COMPARTILHANDO O DHARMA

Os que praticam o caminho do Buda encontram uma forma particular de comunicação que pode ser muito difícil. Compartilhar com os familiares e amigos detalhes da nossa prática do Dharma é uma grande arte que representa um grande desafio em termos de prática.

A fé e a confiança são frutos maravilhosos da prática, mas sempre precisamos equilibrá-las com uma sabedoria capaz de discernir as coisas. Às vezes, as pessoas ficam tão cheias de entusiasmo pela nova energia conseguida num retiro de meditação que querem contar todos os detalhes aos amigos e parentes. Alguém pode recebê-lo com a simples pergunta: "Como foi o retiro?" É possível que isso não seja mais do que outra forma de dizer "Alô!" Se você então mergulhar num discurso de três horas a respeito da ausência do eu quando os outros estão apenas dizendo "Alô", o seu discernimento pode estar precisando de alguns ajustes.

Nessas situações de comunicação, como aliás em todos os outros tipos de comunicação, tente lembrar-se de ouvir cuidadosamente o que as pessoas estão perguntando para ter a certeza de que estão realmente interessadas ou se estão apenas dizendo "Alô". Esta é uma oportunidade de colocar sua prática em funcionamento, para exercitar a atenção total e a sensibilidade. E mesmo quando você sente que uma pessoa está genuinamente interessada, querendo saber detalhes da sua experiência, você precisa abandonar a sua agenda para usar os meios apropriados.

No Dharma, cada uma das partes contém o todo, como num holograma. Pouco importando de que lugar inicial você resolva se comunicar com os outros, você pode desdobrar tudo e revelar a totalidade do Dharma. Isso permite a criatividade da sabedoria intuitiva. Você não precisa começar em algum ponto específico e predeterminado. Pelo contrário, você pode se abrir para a experiência da outra pessoa e ver onde ela realmente se encontra. Quais são as preocupações? Onde está o sofrimento? O interesse? Comece por aí. Se você realmente ouvir o que a pessoa diz e se o seu posicionamento for de bondade amorosa, já existe uma intimidade de ligação.

E mesmo se suas palavras parecerem inadequadas, não atingindo o alvo pretendido, lembre-se de que a comunicação mais profunda sempre está na maneira como nos comportamos com a pessoa, e não naquilo que dizemos. As palavras que usamos podem estabelecer relações ou não, mas a qualidade da nossa presença sempre comunica. Se você se mostrar mais amoroso, mais tolerante, menos disposto a julgamentos, e se tiver mais compaixão no relacionamento com amigos e parentes, esta será uma comunicação muito eficaz.

Há alguns anos, uma jovem escreveu a Ram Dass, depois de ter estudado com ele durante um tempo. Ela tinha ido visitar a família, formada por cristãos fundamentalistas que se opunham ao que ela estava fazendo. Ela estava enfrentando dificuldades e na carta descrevia suas tribulações. No final da página, ela resumiu a situação com a seguinte frase: "Meus pais me odeiam quando sou budista e me amam quando sou um Buda."

RELACIONAMENTO COM OS PAIS

Dentre todas as formas de comunicação humana, a ligação apropriada com os pais, para muitos de nós no Ocidente, pode parecer o maior desafio.

O Buda disse que, como nossos pais tornaram nossa vida e nosso crescimento possíveis, temos um relacionamento kármico especial com eles. Além dos acontecimentos físicos propriamente ditos de concepção e nascimento que nos trouxeram à vida, nossos pais também nos cercaram de cuidados depois de nascermos, numa época em que ainda não podíamos cuidar de nós mesmos. Sem a proteção e o apoio deles, não teríamos sobrevivido.

Portanto, em muitos aspectos, nossos pais nos deram a dádiva da vida. Por esse motivo, o Buda falou da responsabilidade que temos de cuidar deles em troca e de tentar colocá-los no caminho da sabedoria. Ele usou uma imagem muito forte para enfatizar esse ponto: mesmo se carregássemos nossos pais nas costas durante toda a nossa vida, disse o Buda, isto não seria o suficiente para pagar a dívida que temos com eles.

Na nossa cultura ocidental, este ensinamento às vezes cria dificuldades porque muitas pessoas têm conflitos emocionais com relação aos pais ou por causa deles. As pessoas podem sentir raiva e desapontamentos não resolvidos e podem achar que, na verdade, os pais não cuidaram suficientemente delas quando eram crianças. Nos últimos anos, ficamos sabendo cada vez mais que uma quantidade assustadoramente elevada de crianças da nossa sociedade sofrem abusos emocionais, físicos ou sexuais por parte dos pais.

Tem-se a impressão de que os textos budistas tradicionais não foram escritos para a cultura ocidental. Por exemplo, um ensinamento clássico dos textos nos incentiva a sentir em relação a todos os seres o mesmo que sentimos pela nossa mãe. Esse conselho deixa implícito que, se você se sentir em relação a todos os seres tal como se sente em relação à sua mãe, terá um amor ilimitado por eles. Evidentemente, essa perspectiva nem sempre funciona bem, uma vez que no Ocidente freqüentemente temos problemas com os pais ou com os filhos.

Chegar a um relacionamento saudável com os pais pode ser difícil, mas não é impossível. Nos meus primeiros tempos de prática na Índia, tive um amigo cuja mãe estava extremamente irritada com o fato de ele dedicar-se à meditação. Em cartas, ela lhe escrevia dizendo que preferiria vê-lo penando no inferno a vê-lo meditando na Índia. É fácil imaginar o impacto do recebimento de uma tal carta da mãe justamente quando se está muito sensibilizado pela prática profunda e intensa. Eram cartas que revelavam muita irritação.

Certo dia, estávamos comentando essa situação com Dipa Ma, nossa mestra em Calcutá. Quando meu amigo relatou a ela o conteúdo das cartas, Dipa Ma enfiou a mão debaixo do seu colchão, pegou dez rúpias, entregou-as a ele e disse: "Compre um presente para ela." Dipa Ma levava uma vida muito simples em Calcutá, de modo que essas dez rúpias eram um presente considerável.

Meu amigo seguiu o conselho dela. Como ele não reagiu com raiva, mas com generosidade, como não se afastou simplesmente em reação às cartas desagradáveis da mãe, o presente deu início a uma mudança gradativa no relacionamento entre eles. As respostas dela passaram a ser mais calmas, e o relacionamento começou a se curar. A história, aliás, tem um final bastante incomum. Meu amigo acabou voltando para viver com seus pais, cuidando deles em tempo integral até a morte deles.

Essa história me interessa e me inspira porque mostra que, mesmo quando um relacionamento é extremamente difícil, se soubermos a importância de manter um coração generoso e de manter o contato, a situação pode se tornar aceitável.

Ajuda lembrar que temos um relacionamento kármico muito especial com nossos pais. Não nascemos numa determinada família por mero acaso. Independentemente do tipo de relacionamento emocional que tenhamos com nossos pais, de uma ou de outra forma, foram eles que tornaram possível a nossa ligação com o Dharma. Portanto, alguma coisa funcionou bem, mesmo se a nossa atração pelo Dharma for decorrente de uma reação aos grandes sofrimentos da nossa vida. Há algo de maravilhoso na maneira como a vida se desenrolou para nos permitir ouvir e praticar o Dharma – uma oportunidade extremamente rara no mundo!

Os pais podem representar um excelente teste. Exercitamos o nosso desenvolvimento quando voltamos para casa. O exame final é feito em casa! "Sinto muito; desta vez você foi reprovado."

Haveria algumas maneiras para lidar com situações nas quais nossos pais são pessoas difíceis, ou quando o relacionamento em si é difícil? Umas das coisas mais difíceis é não esperar que eles sejam diferentes do que são. Qualquer relacionamento com pessoas que queremos que sejam diferentes sempre cria tensão e conflitos.

Vamos supor que você tenha pais muito rigorosos e controladores. Você alguma vez já descobriu uma mente rígida e controladora em si mesmo? Todos temos muitas facetas e depois as colocamos em ação de diferentes maneiras. Será que podemos ampliar para nossos pais a mesma aceitação e compaixão que tentamos gerar em relação a tudo o que constatamos em nós mesmos – a mesma não-reação, o mesmo não-julgamento, a mesma não-avaliação? Isso não significa que tenhamos de gostar do rigor, mas podemos mesmo assim aprender a ser genuinamente cheios de aceitação e de compaixão.

Quando você se relaciona com pais difíceis, você também pode se lembrar da causa do metta ou atenção bondosa: enxergar o que existe de bom nos seres. Mesmo quando as pessoas têm muitas tendências negativas, quase todas têm pelo menos algumas qualidades agradáveis. Fixe-se nessas coisas. Se você focalizar sua mente nas boas qualidades, isso acabará criando um sentimento de metta.

E, novamente, pouco importando quão atribulado tenha sido o nosso relacionamento psicológico com nossos pais, ou como eles se comportaram com relação a nós, alguém cuidou de nós quando não tínhamos nenhuma possibilidade de fazer isso sozinhos. Para a maioria das pessoas, esse alguém foi a mãe ou o pai ou, talvez, pais adotivos. Isso representa uma grande dádiva. Eles podem ter tido seus defeitos e suas confusões, mas mesmo assim, neste momento continuamos respirando por causa deles. É por isso que o Buda enfatizou de forma tão dramática a dívida que temos por aqueles que nos proporcionaram a dádiva que nos manteve vivos.

Não podemos negar que muitas vezes há problemas profundos e que não existe garantia alguma de que os problemas acabarão se modificando. Mas mesmo assim, podemos chegar a um ponto de aceitação, de realmente sentir o metta e a compaixão. Atingir esse ponto é uma parte muito importante da prática do Dharma porque sofremos quando somos separados de nossos pais ou de qualquer outra pessoa. Todos os esforços valem a pena para se tentar manter abertos os canais de comunicação, para tentar apenas aceitar a maneira de ser de nossos pais.

Sou forçado a acrescentar aqui mais uma observação. Se você é alguém que sofreu abusos, que sofreu violência física, sexual ou emocional cometida pelos seus pais, é possível que você tenha de passar por um processo antes de conseguir se abrir a eles com perdão e compaixão. O verdadeiro perdão, a verdadeira cura desses problemas, tanto no nosso íntimo com relação aos outros, não pode ser conseguida por atalhos; primeiro é preciso conhecer e compreender completamente o sofrimento envolvido no processo.

Portanto, quem sofreu esse tipo de agressão pode ter de passar por uma terapia durante o qual sinta todo o medo, raiva, ódio e angústia causados pela agressão. E para curar tudo isso, eles podem ter de passar por um período de afastamento em relação aos que lhes causaram esse sofrimento, essa dor. Depois de este processo ter-se completado, eles podem optar por estender a mão com perdão, amor e aceitação.

Além de cuidar dos nossos pais, também podemos cumprir a responsabilidade que temos para com eles, tentando estabelecê-los de alguma forma no Dharma. Iniciamos esse esforço simplesmente sendo de uma determinada maneira com eles, de modo que, mesmo sem palavras, possamos comunicar-lhes algo intenso. Essa comunicação precisa se originar primeiro da nossa própria aceitação deles como pessoas. Se você voltar aos seus pais e começar a conversar com eles sobre a ausência do eu e o co-surgimento dependente, dizendo-lhes que eles precisam meditar todos os dias, isso certamente não irá funcionar. Mas se voltarmos a eles e manifestarmos um espírito que seja um pouco mais amoroso, interessado e benevolente, então alguma comunicação pode se desenvolver a partir dessa aceitação. E, depois disso, tudo passa a ser apenas uma questão de encontrar a melhor oportunidade.

Quando iniciei a prática do Dharma, enquanto viajava muito entre os Estados Unidos e a Índia, eu estava muito entusiasmado com a meditação. Eu ficava sempre hospedado na casa de minha mãe. Depois do jantar, eu costumava fazer uma proposta a ela: "E se você ficar meditando enquanto eu lavo a louça?" Ela gostou da troca e concordou em tentar. Foi um começo.

VIDA RETA

Todos nós precisamos de alimentos, de abrigo e de roupas, e precisamos também dos meios para obter estas coisas. Como podemos usar esse aspecto inevitável da vida, da nossa sobrevivência, como parte da nossa prática? O Buda considerava a maneira como ganhamos a vida tão importante que tornou a vida reta um dos oito aspectos do Nobre Caminho Óctuplo – as qualidades que precisamos praticar e aperfeiçoar para podermos nos libertar. Portanto, a vida reta é uma questão muito importante, principalmente para nós que praticamos no Ocidente.

A maioria dos budistas asiáticos que se sentem profundamente comprometidos com a libertação ingressam em mosteiros. Quando se está num mosteiro, não se tem problemas quanto à vida reta; todos os aspectos da vida, incluindo os mínimos detalhes, foram especificamente planejados para acelerar a libertação.

176

Mas, pelo menos por enquanto, quase todos os que seguem o Dharma no Ocidente não optam pelo caminho dos mosteiros; vivem no mundo como leigos, bem no meio de tudo o que acontece. No entanto, ao mesmo tempo, sentem um grande compromisso com relação a libertação durante esta vida. Não praticam apenas para renascer no céu ou no mundo deva; eles realmente querem ficar livres.

Portanto, como colocar essa dedicação, esse interesse e essa aspiração no trabalho que realizamos no mundo, fora dos mosteiros, é uma questão muito importante. Todos nos sentimos desafiados por essa questão e estamos descobrindo a resposta através da vivência do problema. Nossa geração de praticantes irá passar uma sabedoria forjada através de muitas dificuldades, pois essa busca de soluções não é fácil.

Da perspectiva da vida reta, não é essencial que realizemos nenhum tipo particular de trabalho, a não ser evitar as atividades que obviamente são nocivas, envolvendo roubos e assassinatos. A maioria dos tipos de vida podem fazer parte do caminho espiritual. Isso depende bem menos do trabalho propriamente dito do que da maneira como o realizamos.

Para mim, uma história mostra claramente o espírito que podemos acrescentar ao nosso trabalho. Há alguns anos, o grande mestre budista tibetano Kalu Rinpoche visitou o aquário existente em Boston. E enquanto caminhava pelas suas dependências, batia em todas as janelas dos tanques para despertar a atenção dos peixes. E quando eles nadavam na sua direção, ele repetia tranqüilamente a fase: "ON MANI PADME HUM", uma bênção na tradição tibetana.

Simplesmente caminhar pela vida abençoando os outros é uma coisa maravilhosa de se fazer. Dipa Ma também era assim. Ela estava sempre distribuindo bênçãos. Ela abençoava pessoas e animais, aviões e ônibus. Em todos os lugares para onde ia, ela abençoava. "Seja feliz, seja feliz." Se de alguma forma podemos praticar este espírito de bênção no nosso trabalho, esse espírito de serviço, então transformamos o que poderia ser uma ocupação muito comum em algo capaz de nos impelir ao longo do grande caminho. O poder deste espírito é imenso. Cultivá-lo exige certa presença mental. Lembre-se de que qualquer trabalho que fazemos pode ser uma oferenda de serviço aos demais.

O Dalai-Lama transmitiu essa idéia de uma maneira muito simples e bonita:

> Somos todos visitantes neste planeta. Ficamos aqui durante noventa, cem anos, no máximo. Durante esse período, precisamos procurar fazer algo de bom, algo de útil com a nossa vida. Tente ficar em paz consigo mesmo e ajudar os outros a compartilhar dessa paz. Se você contribuir para a felicidade de outras pessoas, encontrará a verdadeira meta, o verdadeiro significado da vida.

LEITURA DE TEXTOS

Como os ensinamentos enfatizam a experiência direta e sem mediações do Dharma, a natureza essencial da realidade, as pessoas às vezes se sentem confusas, não sabendo se devem ou não se dedicar à leitura dos textos do Dharma. Será preciso ler e estudar os textos para chegar a uma profunda compreensão? A resposta é claramente negativa. Muitos grandes santos e sábios no decorrer dos séculos praticaram sem muitos estudos, ou até eram analfabetos, mas chegaram a uma profunda compreensão do Dharma. Pode ser de ajuda estudar os textos? Para muitas pessoas, a resposta é claramente positiva.

Os textos são simplesmente os ensinamentos do Buda ou de outros grandes mestres nas várias tradições budistas. Eles estão diretamente voltados para a natureza da mente, para a natureza do sofrimento e para a natureza da liberdade. Esses ensinamentos não devem ser aceitos simplesmente de modo dogmático, mas podem ser usados como flechas que apontam para a nossa experiência direta. Quando alguém aponta com o dedo para a lua, o valor do gesto está no fato de olharmos para a lua, e não de ficarmos fitando o dedo. Por esse motivo, a leitura dos textos não precisa ser apenas uma pesquisa acadêmica. Esses extraordinários ensinamentos não são apenas um sistema de idéias, um conjunto de crenças. Eles são algo mais básico, mais essencial do que isso, ao ensinar como a mente funciona, qual é a natureza da realidade e como cultivar a clareza da percepção.

Antes de iniciar a prática da meditação, a leitura e o estudo podem esclarecer os ensinamentos e inspirar as pessoas a darem os passos seguintes na sua jornada espiritual. E a leitura dos textos originais, depois de se ter praticado bastante, pode abrir novas portas de compreensão. Quando se lê num ambiente exterior e interior adequado – quando a mente está calma e concentrada – as palavras podem adquirir vida de uma maneira extraordinária. Portanto, se você já fez algumas sessões sentado e se tiver inclinação para isso, você pode constatar que o retorno às fontes originais serve para ampliar a perspectiva que você tem do caminho.

Várias das traduções para o inglês não são de boa qualidade. Muitos sutras, ou ensinamentos do Buda, contêm constantes repetições porque foram transmitidos oralmente durante muitos séculos antes de serem anotados. Se você iniciar a leitura buscando entretenimento, qualquer romance assinado por Robert Ludlum funcionaria melhor. Mas se você ler lentamente e com cuidado, como uma forma direta de apontar para a realidade, e se reservar tempo para pesquisar, para saborear a natureza desta realidade, os textos podem iluminar consideravelmente a sua experiência, esclarecendo e aprofundando a sua prática.

HUMOR

Certo senso de humor é indispensável na prática do Dharma, tanto quando você estiver num retiro como quando estiver na montanharussa de sua vida no mundo. Quando refletimos durante um momento sobre a qualidade da mente implícita no senso de humor, constatamos que ele cria certa dose de espaço interior. Ser capaz de ver o humor, a falta de importância e o vazio dos fenômenos é realmente uma grande bênção durante os períodos em que nos envolvemos nos vários dramas da nossa vida.

Os textos budistas fornecem uma explicação completa das manifestações do humor. Obviamente, isso é feito na maneira tradicionalmente seca da Abhidharma, a psicologia budista. Os textos descrevem os diferentes tipos de riso que as pessoas têm nos vários estágios ao longo do caminho. Quando pessoas humildes e sem cultura consideram algo divertido, elas rolam pelo chão. Alguém que esteja nos estágios intermediários da iluminação irá rir sonoramente. Os arhats, ou seja, as pessoas totalmente iluminadas, irão rir mostrando os dentes. E o Buda simplesmente sorria. O importante é que se trata de refinamentos na qualidade do humor.

O fato de ter estudado com diferentes mestres e de ter visto tantos estilos diferentes de ensinamentos e apresentações do Dharma ensinou-me muito sobre o humor, inclusive me ensinou a compreender que o humor, com bastante freqüência, é uma questão de cultura. Já vi os mais rígidos e exigentes mestres asiáticos quase perderem o controle rindo de determinada piada que não parece ser particularmente divertida de um ponto de vista ocidental. Certa vez, o falecido mestre birmanês Venerável Taungpulu Sayadaw estava fazendo uma palestra sobre o Dharma. Ele sempre dava suas aulas do modo tradicional, segurando o leque cerimonial à sua frente. Ele estava falando sobre a mente e a matéria, e um dos iogues perguntou se um cachorro tem ambas as coisas. Sayadaw mal conseguia parar de rir. Ele achou a pergunta das mais engraçadas enquanto refletia sobre qual poderia ser a resposta.

O humor também nos serve em tempos de grande dificuldade ou de sofrimento. Ele ajuda a criar a amplitude da mente em torno do sofrimento e pode ajudar a afrouxar os laços da identificação. Um bom exemplo disto são as últimas palavras de Oscar Wilde, provavelmente apócrifas. Quando saiu da prisão, ele era um homem doente, alquebrado, pobre, em desgraça, moribundo. Ele foi para Paris, onde morreu numa pensão miserável numa região de péssima reputação.

O papel de parede do quarto que alugou era particularmente horrível, e Wilde certamente era um homem que dava muito valor à beleza e ao estilo. Dizem que, instantes antes de morrer, deitado na cama, ele se virou para a parede e disse: "Um de nós terá de ir."

TREINAMENTO PARA A MORTE

Na próxima vez em que enfrentar alguma dificuldade, imagine que está deparando com o momento da sua morte. Qual será, pois, a sua atitude com relação a essa dificuldade? Da perspectiva do momento da morte, você está disposto a se perder em confusão e reação? Ou você quer evitar o momento, esconder-se dele? Ou será que quer se mostrar presente e alerta, aceitando a situação?

Muitas tradições espirituais enfatizam a prática da imaginação da morte, porque essa conscientização coloca os eventos da vida numa nova perspectiva. Todos podemos facilmente nos envolver nos nossos dramas e histórias. A lembrança da morte, como uma presença viva na sua vida, pode afastar-nos do cinema da nossa mente e colocar nossa experiência numa perspectiva muito maior. Mantendo essa conscientização podemos viver com maior espaço e facilidade.

Pensar na prática da meditação como um treinamento para a morte me inspira muito, principalmente em momentos de tumulto emocional ou de dores físicas. A morte provavelmente será difícil. E aqui estamos nós, dentro de uma situação difícil. Vemos quem somos e como podemos nos abrir. Este é o nosso treinamento.

Nos sentamos e, depois de uns quinze ou vinte minutos, a mente, ou corpo registra algum desconforto – uma dor no joelho. Vemos que é realmente necessário que haja esforço para nos abrirmos de uma forma equilibrada para esse desconforto. Mas praticando, conseguimos aprender a fazê-lo.

Há boas chances de que enfrentaremos mais desconfortos ainda quando morrermos. Provavelmente, sentiremos dor no corpo e algumas emoções difíceis quando iniciarmos essa incrível jornada rumo ao desconhecido. Como conseguiremos nos relacionar com essas coisas? Seremos capazes de enfrentá-las a partir de uma atitude de paz, de abertura, de aceitação? Ou iremos reagir com medo ou ansiedade, ou até mesmo com pânico ou terror?

Cada sessão de meditação sentada ou caminhando, cada momento que praticamos é uma oportunidade para treinar a mente. Será que consigo me abrir para isso? Posso aceitar isso? E quanto mais nos aprofundamos na prática, quanto mais nos aproximamos dos limites, tanto mais os limites do que estamos dispostos a aceitar se expandem. A morte pode ser um desses limites. Será que podemos nos treinar tão bem a ponto de atravessarmos esse limite com confiança quando chegar o momento?

VIPASSANA E MORTE

À medida que passamos por esse processo – pouco importando se é o processo da nossa vida ou o da nossa morte – o poder do vipassana, da meditação de introvisão, desenvolve um poder muito forte de observação da mente.

Freqüentemente, em meio à prática, quando nos debatemos com altos e baixos, os momentos em que as coisas ficam claras e os outros em que isso não acontece, esquecemos da tremenda força e do enorme poder kármico de cada momento em que temos a visão clara. O Buda ilustrou de uma forma muito reveladora como é importante o trabalho que estamos fazendo.

Ele descreveu as várias forças kármicas de diferentes atividades. Uma dessas atividades é *dana*, palavra do idioma páli que significa generosidade, um grande poder de purificação que o Buda enfatizava constantemente nos seus ensinamentos.

Ele disse que o poder kármico de um presente é determinado por três coisas; a pureza do doador, a pureza do recebedor e a pureza do próprio presente – ou seja, o fato de o objeto ter ou não sido obtido por meios lícitos. Portanto, segundo ele, fazer uma oferenda a um ser completamente iluminado tem uma extraordinária potência kármica por causa da pureza dessa pessoa.

O Buda também disse que é muito mais pertinente vivenciar *apenas um momento* de uma mente totalmente absorvida pelo sentimento da atenção bondosa, ou metta, do que dar um presente ao próprio Buda e a todos os seres iluminados. Ele também disse que muito mais poderoso do que uma mente totalmente concentrada em sentimentos amorosos é a conseqüência kármica de um momento em que claramente se vê como os fenômenos surgem e passam. O Buda estava se referindo aqui ao estágio de introvisão na prática vipassana, em que se sabe com toda a certeza da momentaneidade de todas as aparências.

Essa introvisão clara e segura da impermanência é muito mais proveitosa do que dar um presente ao Buda e a todos os seres iluminados ou do que sentir a atenção bondosa. Por quê? Porque na clareza da visão está a semente da liberdade.

Qual é a alternativa? Nós a vivenciamos muitas vezes na nossa vida. Nós nos envolvemos e nos identificamos com diferentes emoções, pensamentos, interações, confusões, vários tipos de dores no corpo e na mente. Nessas ocasiões, esquecemos as verdades mais básicas da existência e nos encerramos na prisão do eu.

É possível que ocorram sofrimentos físicos e mentais no momento da morte. Você pode se treinar a ficar com eles de um modo alerta e aberto, simplesmente observando, de forma a permanecer o mais consciente e não envolvido possível? Você pode repousar na conscientização, sem nenhuma distração, enquanto esse grande mistério se desenrola, e ver a impermanência básica e a insubstancialidade de todas as aparências? Se você puder encontrar a experiência da morte com essa total atenção, então, mesmo se houver confusão, medo ou dor, sua mente observadora será tão forte que essas coisas não representarão problema: "Ah, é apenas confusão; confusão e medo."

Ou será que, em vez disso, você se perderá naquelas reações habituais de desejo intenso, de ódio, de medo?

Você está conseguindo enxergar assim como a prática que fazemos, essa observação simples e clara, é grandemente eficaz? Nunca subestime os resultados de simplesmente se manter presente com a experiência do momento e com a introvisão da impermanência num nível momentâneo. As conseqüências para o modo como vivemos e como morremos são muito maiores do que normalmente percebemos.

METTA E MORTE

O metta, a atenção bondosa, também pode ser um instrumento extraordinário para lidar com a nossa morte ou com a morte de outras pessoas.

O metta tem um poder especial para suavizar a mente e o coração como um meio de lidar com o medo e de superá-lo. A ocorrência de algo tão misterioso como a morte muitas vezes pode despertar o medo na nossa mente. Podemos temer a dor que freqüentemente acompanha a morte. Podemos temer a incerteza da situação. Podemos simplesmente temer o desconhecido.

Quando o Buda introduziu a meditação do metta, ele a ensinou a um grupo de monges que se encontravam numa situação aterrorizante, para que lhes servisse de antídoto específico contra o medo. Qualquer um de nós pode ter uma idéia do poder da bondade desde que o desenvolvamos em profundidade. À medida que o metta se torna cada vez mais forte, aprendemos a permanecer durante muito mais tempo numa situação de boa vontade e de cuidados amorosos relativos a nós mesmos e aos outros. Repousando na simplicidade e na força desses sentimentos, vemos que, quando o metta está no nosso coração, o medo fica ausente. O metta e o medo não coincidem.

Quanto mais forte o metta, tanto mais ele nos serve de sólida base. Ele se torna um refúgio. Desse modo, obtemos grande força ao cultivarmos profundamente essa qualidade, uma força que podemos usar em qualquer crise da nossa vida, inclusive na nossa morte.

O metta e o vipassana são forças complementares que podem ser misturadas uma à outra com habilidade. Numa situação difícil como a morte, ficamos fechados demais, reagimos demais, estamos por demais envolvidos, e a atenção total não é suficientemente forte para lidar com a situação; nesse caso, podemos procurar refúgio na prática da bondade, até que a mente e o coração fiquem mais inundados de paz. Depois de algum tempo de repouso, podemos nos abrir novamente com a atenção total para tudo o que estiver presente.

Possuir esta capacidade de misturar os dois tipos de meditação é de suma importância para a maneira como praticamos agora, para como conseguiremos fazê-lo no momento da morte e também para o modo de ficarmos presentes com pessoas que estejam morrendo. O ambiente em que uma pessoa se encontra no momento da morte pode contribuir muito para o apoio de um estado mental positivo. Mesmo se a pessoa moribunda der a impressão de não estar reagindo, não pense que ela está totalmente sem consciência. Já ouvi muitas histórias de pessoas que estavam em coma e que, depois de saírem desse estado, relataram ter passado por um estado de grande lucidez. Elas não estavam se comunicando, mas estavam presentes. Na verdade, não sabemos realmente o que acontece nessas ocasiões. A aparência pode ser uma, mas tudo pode ser muito diferente interiormente.

Servimos a uma pessoa que está morrendo gerando a força do metta. Se pudermos fazê-lo de um modo puro e forte, isso terá um efeito relaxante; passamos a irradiar a energia da paz.

O vipassana também pode nos servir de modo maravilhoso nessas situações porque nos fornece o poder de observar a nossa própria mente. A atenção total permite que observemos os sentimentos e as reações pelas quais estamos passando, mas sem nenhum envolvimento da nossa parte e sem permitir que nossas reações se intrometam numa situação bastante difícil por si mesma. Presenciar a morte de alguém que nos é próximo pode ser uma experiência muito intensa. À medida que as dificuldades surgem para nós, podemos nos abrir a elas, permitir que passem e, depois, nos instalar no poder radiante da atenção bondosa.

PARA O BENEFÍCIO DE TODOS OS SERES

Independentemente de termos ou não a intenção consciente de fazê-lo, estamos percorrendo este caminho do despertar não apenas para nós mesmos, mas também para o benefício de todos os seres. À medida que começamos a compreender mais profundamente a nossa natureza, a realidade da mente e do corpo, constatamos que essa natureza é universal. Vemos que as diferenças são relativamente superficiais; são apenas diferenças de certos tipos de condicionamento.

Nossas personalidades são diferentes. O mesmo também ocorre com a aparência do nosso corpo e com o conteúdo dos nossos pensamentos. Mas a *maneira* como nossa mente e nosso corpo funcionam é a mesma em cada um de nós: raiva, medo, amor e compaixão são coisas sentidas da mesma forma em todas as pessoas; os corpos de todos envelhecem e morrem. A partir de uma crescente conscientização de nós mesmos, passamos uma idéia muito mais profunda de tudo o que temos em comum com os outros.

À medida que compreendemos o que temos em comum, nós nos relacionamos com as outras pessoas de uma forma muito diferente. Passamos a ter um menor sentido de separação; diminui a idéia de que outras pessoas, e até mesmo os animais, são muito diferentes de nós.

Senti esse desaparecimento da separação de modo mais perceptível quando viajei para dar aulas a pessoas de diferentes culturas. Por exemplo, já dei cursos várias vezes no que era a antiga União Soviética. Tanto as condições de vida como a maneira como as pessoas se relacionam umas com as outras são bastante diferentes do que encontramos aqui. No entanto, na prática do Dharma, o aspecto comum da experiência tornou-se muito evidente: a mesma dor nos joelhos, a mesma sensação de mente vagando, as mesmas emoções, o mesmo poder da consciência. Todos vimos que, por baixo das diferenças culturais e circunstanciais, compartilhamos as verdades básicas da vida. Isto levou, como sempre leva, a fortes sentimentos de proximidade e de ligação. Quando nos compreendemos, passamos naturalmente a compreender também os outros, sentindo cada vez mais os laços da unidade. Issa, um poeta japonês do século XVI, expressou isto muito bem: "À sombra das cerejeiras em flor não existem estranhos."

Nossa prática também beneficia diretamente todos os seres. Justamente porque tudo é interdependente, reconhecemos que a nossa vida, necessariamente, tem um efeito neste mundo. Existem tantos níveis de ligação entre todos os seres e toda as coisas que a qualidade da nossa mente e do nosso coração inevitavelmente exerce efeitos que sequer podemos perceber.

A nova ciência do caos descreve como, por baixo da nossa percepção comum, as coisas são caóticas e difíceis de serem compreendidas. Esse caos se revela a nós em acontecimentos corriqueiros, como as mudanças meteorológicas ou o movimento das nuvens no céu. No entanto, se nos aprofundarmos neste caos, encontraremos dentro dele maravilhosos padrões e ligações. Há um princípio conhecido como "dependência sensível de condições iniciais", segundo o qual um pequeno *input* no início do processo pode resultar num grande *output* numa fase posterior. Assim, ensina-nos a ciência do caos, uma borboleta pode bater as asas na China e colocar em andamento uma série de causas que acabam afetando uma tempestade em Boston. As coisas estão extremamente inter-relacionadas; quando fazemos um ato de bondade, ou quando dizemos palavras irritadas ou vivemos de forma consciente, os efeitos acabam se espalhando para todos os lados.

Quanto mais sensíveis formos à interdependência das coisas, mais veremos como a qualidade de nossas vidas afeta, não apenas as pessoas que encontramos, mas também todos os seres e criaturas. O Buda fez uma coisa certa noite, há mais de vinte e cinco séculos debaixo de uma árvore em Bodh Gaya, na Índia, e por causa desse ato, você está lendo estas palavras no final do século XX. É impressionante! Para que esse resultado ocorresse, uma série de acontecimentos tiveram lugar no decorrer de dois milênios e meio em muitos países e culturas diferentes. E a série não termina com o fato de você estar segurando este livro em suas mãos. Ela se estende de você até não sabemos onde nem quando.

Neste misterioso universo de interconexões vastas e sutis, cada uma de nossas ações é tão delicada e importante quanto o bater das asas de uma borboleta. E quanto mais livre estivermos da cobiça, do ódio e da ignorância, tanto mais nossas vidas servirão para o benefício de todos. Refletir sobre este fato pode fornecer à nossa prática e às nossas vidas muito amor e espaço, enquanto percorremos este caminho ao mesmo tempo antigo e totalmente contemporâneo.

PARA MAIS INFORMAÇÕES

Os leitores que quiserem se informar a respeito de retiros e cursos mundiais de Meditação de Introvisão podem entrar em contato com a Insight Meditation Society, 1230 Pleasant Street, Barre, Massachusetts 01005. Para informações sobre gravações de vídeo e áudio sobre a Meditação de Introvisão devem entrar em contato com a Dharma Seed Tape Library, Box 66, Wendell Depot, Massachusetts 01380.

SHAMBHALA

A Trilha Sagrada do Guerreiro

Chögyam Trungpa,
Carolyn Rose Gimian (org.)

Neste guia prático para uma vida iluminada, Chögyam Trungpa oferece ao nosso tempo uma visão inspiradora, baseada na figura do guerreiro sagrado. Nos tempos antigos, o guerreiro aprendia a dominar os desafios da vida, tanto no campo de batalha como fora dele, e adquiria um senso de liberdade e poder pessoal – não através de atos violentos ou agressivos, mas por meio da sensibilidade, da intrepidez e do conhecimento de si mesmo.

Neste livro abre-se o caminho do guerreiro para os que buscam, na época atual, o autodomínio e a máxima realização. Ao interpretar a viagem do guerreiro em termos modernos, Trungpa discorre sobre habilidades como a sincronização entre a mente e o corpo, a superação de padrões arraigados de comportamento, a capacidade de enfrentar o mundo de maneira aberta e corajosa, de relaxar na disciplina e de perceber a dimensão sagrada da vida cotidiana. Acima de tudo, Trungpa mostra que, ao descobrir a qualidade essencialmente positiva da vida humana, o guerreiro aprende a irradiar ao mundo a bondade fundamental, em prol da paz e do bem-estar físico e mental de todos os seres.

Os ensinamentos de Shambhala – assim chamados em referência a um reino lendário nas montanhas himalaias, reino onde imperavam a prosperidade e a felicidade – apontam, desse modo, para a atitude iluminada que existe potencialmente no interior de todo ser humano.

* * *

Chögyam Trungpa – mestre de meditação, professor e artista – fundou o Instituto Naropa e é autor de vários livros sobre o budismo e o caminho da meditação, entre eles *O mito da liberdade*, *Além do materialismo espiritual* e *Meditação na ação*, publicados pela Editora Pensamento, São Paulo.

EDITORA CULTRIX

UMA TRANQÜILA LAGOA NA FLORESTA
Meditações de Achaan Chah

Jack Kornfield e *Paul Breiter*

Achaan Chah é um monge budista que um dia se sentiu fortemente motivado em sua prática e tentou descobrir as causas deste nosso mundo de sofrimento e a fonte da paz e da liberdade pregadas pelo Budismo. Por sua própria vontade, desfez-se de tudo para viver os ensinamentos de Buda. Enfrentou muitas agruras e sofrimentos, e até dúvidas de todos os tipos. Apesar disso, continuou meditando, sentado na posição de lótus, e introduziu em sua prática o que chama de "a capacidade de ousar". Dela nasceram, finalmente, a sua sabedoria, o seu espírito jovial e uma rara habilidade para ajudar as pessoas.

Os ensinamentos de Achaan Chah contêm o que se conhece como "a alma da meditação budista" – exercícios simples e diretos, destinados a tranqüilizar o coração e a abrir a mente para a verdadeira percepção interior. Essa forma de concentração ou de meditação transformou-se rapidamente num tipo de prática budista no Ocidente. Transmitida por monges e leigos que estudaram nos mosteiros das florestas do Tibete ou em centros de retiro intensivo, ela proporciona uma forma direta e universal de treinar o corpo, o coração e a mente para trilhar o caminho da paciência, da sabedoria e da compaixão desinteressadas.

Os ensinamentos de Achaan Chah transcritos neste livro despertam no leitor o espírito de indagação, de humor, de encantamento, de entendimento e proporcionam-lhe a profunda sensação de paz interior que caracterizam a vida e a obra desse grande mestre.

EDITORA PENSAMENTO

O LIVRO DO CAMINHO PERFEITO
Tao té ching

LAO TSÉ

Há versos do *Tao té ching* que lembram o clarão rápido e ofuscante do raio. Numa fração de segundo, apanhamos a sua mensagem, que de tão cristalina que é, dispensa o comentário prolongado: "Quando não valorizamos os artigos difíceis de obter, estamos impedindo que sejam roubados." (...) Quando o ouro e o jade enchem um salão, seus donos não poderão manter a segurança." (...) "Quando a riqueza e as honrarias conduzem à arrogância, decerto o mal virá logo a seguir."

E, como o raio, estes versos trarão consigo o ruído do trovão, conduzindo-nos à reflexão demorada. No entanto, alguns dos seus versos, inapreensíveis de imediato, não poderão prescindir da explicação do Dr. Murillo Nunes de Azevedo, monge budista e tradutor vigoroso. Assim, em versos como "Suavizai o corte/Desfazei os nós/Diminuí o brilho", encaixa-se, com perfeição, a lição breve e sagaz de MNA ("Os nós e o 'corte' referem-se às dificuldades que criamos, às situações insolúveis, porque estão cheias de nós. O 'corte' é a supressão constante do intelecto, do raciocínio lógico, que decepa o que é uno. O 'brilho' decorre do polimento produzido pelo conhecimento livresco, adquirido quando o homem passa a brilhar com o fulgor das citações, da repetição mecânica do que foi dito por outros, mas por trás disso não possui profundidade."), cujo nome, de ora em diante, estará ligado a*O Livro do Caminho Perfeito*, que Lao Tsé, segundo se sabe, teria escrito durante um pernoite, por solicitação de um guarda de fronteira. A tradição se esqueceu do nome daquele funcionário, espantado com a figura ímpar dum velhote de barbicha montado num boi, e que se mudava de cidade porque as misérias do Mundo e, particularmente, as coisas da administração local, eram de arrepiar caminho. Foi uma grande sorte para nós todos que aquele guarda se lembrasse de pedir ao filósofo um resumo da sua sabedoria, porque o *Tao té ching*, como o leitor estudioso logo irá dar-se conta, inclui, numas poucas páginas, uma Metafísica, uma Moral e uma Política.

EDITORA PENSAMENTO

Outras obras de interesse:

CARTAS DE SINTONIZAÇÃO INTERIOR
Zera Starchild of An

CARTAS SOBRE MEDITAÇÃO OCULTISTA
Alice A. Bailey

COMO MEDITAR - Um Guia Prático
Kathleen McDonald

CONCENTRAÇÃO
Mouni Sadhu

MEDITAÇÃO - Princípios Gerais para sua Prática
Mouni Sadhu

CONCENTRAÇÃO E MEDITAÇÃO
Swami Sivananda

MEDITAÇÃO - Caminho da Auto-Realização
H. Saraydarian

MEDITAÇÃO: Uma Maneira de Viver
Vimala Thakar

RETORNANDO AO SILÊNCIO
Dainin Katagiri

A DOUTRINA DO KARMA
Irmão Atisha

O HÁBITO DA ORAÇÃO E A LEI DO KARMA
Alvin B. Kuhn

A INICIAÇÃO ATRAVÉS DO KARMA
Charles Breaux

KARMA - A Lei Universal da Harmonia
Virginia Hanson e *Rosemarie Stewart*

A ARTE JAPONESA DE CRIAR ESTRATÉGIAS
Thomas Cleary

ALÉM DO MATERIALISMO ESPIRITUAL
Chögyam Trungpa

SHAMBHALA - A Trilha Sagrada do Guerreiro
Chögyam Trungpa

ENSINAMENTOS ESPIRITUAIS
Ramana Maharshi

Peça catálogo gratuito à
EDITORA PENSAMENTO
Rua Dr. Mário Vicente, 374 - Fone: 272-1399
04270-000 - São Paulo, SP